Francesco Alberoni / Salvatore Veca
Die neue Moral der Liebe

Francesco Alberoni/Salvatore Veca

Die neue Moral der Liebe

der Liebe

Ein Manifest

Aus dem Italienischen
von Angelika Beck

Piper
München Zürich

Die Originalausgabe erschien
unter dem Titel »L'altruismo e la morale«
bei Garzanti Editore s. p. a., Mailand 1988

ISBN 3-492-03389-X
© Garzanti Editore s. p. a., Mailand 1988
Alle Rechte der deutschen Ausgabe:
© R. Piper GmbH & Co. KG, Verlag, München 1990
Gesetzt aus der Times-Antiqua
Gesamtherstellung: Clausen & Bosse, Leck
Printed in Germany

Inhaltsverzeichnis

Einleitung

In der Vergangenheit hatten die Menschen religiöse und moralische Überzeugungen. Diese standen im Mittelpunkt des individuellen und sozialen Lebens. Ihre steinernen Symbole, die religiösen Monumente, haben die Jahrtausende überdauert, ebenso die Götterstatuen und die von einer Gottheit inspirierten Bücher. So sind uns von der weltlichen Kultur Ägyptens, die an den Ufern des Nils bestand, keine Spuren erhalten geblieben, wohl aber von der sakralen, deren Bauwerke man in der Wüste errichtet hatte, damit sie unvergänglich seien.

Auch im Zeitalter der Griechen und Römer, bei denen doch die Vernunftreflexion eine wichtige Rolle spielte, waren die bedeutendsten Monumente religiöser Natur. Und mehr noch, im christlichen Mittelalter. Der große Wandel ist mit der industriellen Revolution erfolgt. Damals haben Bank, Börse und Bürohochhaus nach und nach die Kathedrale ersetzt.

Sicher gibt es in unseren Städten auch heute noch Kirchen, und viele Menschen sind weiterhin religiös und feiern Weihnachten, Ostern oder Jom Kippur. Doch die Soziologen und Philosophen haben immer wieder betont, daß der Fortbestand all dieser Gebräuche auf Traditionen zurückzuführen ist, auf einen noch immer vorhandenen, einstmals starken, nun aber immer schwächer werdenden Impuls. Neue städtische Ansiedlungen werden nicht mehr so geplant, daß man als erstes den sakralen vom profanen Bereich trennt. Bei den Verhandlungen über Urlaubszeiten lassen sich die Gewerkschafter nicht mehr von religiösen oder moralischen Kriterien leiten. Und dies auch dann nicht, wenn die Stadtplaner oder die Arbeiter religiös sind.

Parallel zur Krise des Sakralen, verbreitet sich die Ablehnung des Begriffs der Sünde, ja sogar der moralischen Schuld. Die gesamte Psychoanalyse kann als eine Therapie gegen das Schuldgefühl betrachtet werden.[1] Denn das Schuldgefühl erzeugt die Neurose; es wird von den Gesetzen bewirkt, die sich als Über-Ich der Psyche des Kindes eingeprägt haben. Die großen Kulturrevolutionen der Gegewart, die sexuelle Befreiung und der Feminismus erschütterten viele Glaubensüberzeugungen und für unwandelbar gehaltene Normen.

Die moralischen Normen haben ihren absoluten, verbindlichen Charakter verloren. Sie sind so etwas wie die Gesetze des Staates geworden: praktische Maßnahmen, um schädliche Verhaltensweisen zu verhindern, Konflikte zu beenden und die Interessen des Individuums mit denen der Gemeinschaft in Einklang zu bringen. Auch die unantastbarste aller staatlichen Normen, die Verfassung, kann durch eigens dafür geschaffene Mechanismen und Maßnahmen geändert werden.

Es gibt keine absoluten, unveränderlichen Gesetze mehr; und nach Nietzsche meinen viele, daß die Begriffe »gut« und »böse« ebenso im Verschwinden begriffen seien wie die Vorstellung vom Teufel und von der Versuchung. Claudio Magris schrieb: »Der Kampf zwischen Gut und Böse; die Überzeugung, daß es einen Sinn habe, nach dem Sinn des Lebens zu suchen; die Persönlichkeit des Individuums mit seiner Besonderheit und mit seinen Wünschen, mit seinem Bewußtsein und seinem gegen dessen Grenzen aufbegehrenden Willen, mit seinen Träumen und seinen Gesetzestafeln

8

– all das setzt die Faust-Legende voraus. In einer anonymen und nivellierten Gesellschaft, in der das Individuum ein bloßer Kristallisationspunkt von unpersönlichen Mechanismen ist, scheint der moralische Druck zu schwinden.«[2]

Wie viele Male sind die zeitgenössischen Philosophen und Soziologen nicht zu den gleichen Schlußfolgerungen gelangt! Emile Durkheim behauptete, daß die moderne Gesellschaft durch eine Auflösung der Normen, durch soziale Anonymität gekennzeichnet sei. Max Weber sprach vom Verlust des Charismas und der Entzauberung der Welt, Horkheimer von der Krise der Vernunft. Die subjektive Vernunft, sagt er[3], hat alle Glaubensüberzeugungen, alle Werte zerstört, und die Gesellschaft hat heute nur deshalb Bestand, weil noch Reste von diesen Glaubensüberzeugungen weiterleben. Aber ihre Kraft wird von Tag zu Tag schwächer. Heidegger hat in der modernen Welt den totalen Triumph des zur Technik gewordenen Willens zur Macht gesehen.

Viele konfessionslose und liberale Denker stellen fest, daß sich heutzutage das fortschrittliche Denken durchgesetzt hat; doch es ist gleichsam wertneutral. Es lehrt uns, nicht fanatisch, sondern tolerant und vernünftig zu sein, aber dadurch nimmt es nahezu alles in Kauf: den Konsumfetischismus, die Oberflächlichkeit des Zeitgeschmacks, die Leere des Fernsehens. Vor allem jedoch ist diese Denkweise nicht imstande, in den Individuen einen Impuls auszulösen, der über das bloße Wohlbefinden hinausginge, ein Ideal zu vermitteln, das die Aussicht auf eine bessere Einkommensverteilung überschritte. Sie zeigt keine Ziele auf, erweckt keinen Glauben, vermag keine Kriterien für die Beurteilung von Gut und Böse, Recht und Unrecht zu geben. Auf diese Weise beschränkt sich alles auf Meinungen und persönlichen Anstand.

Dies ist der Tenor dessen, was Philosophen, Soziologen und kritische Beobachter über unsere Welt aussagen. Und es besteht kein Zweifel, daß ihre Beobachtungen zum großen Teil begründet sind. Unserer Meinung nach aber nehmen sie das Positive der modernen Welt, ihre spezifische Moralität nicht wahr und tun ihr damit unrecht. Gehen wir von der Beobachtung einiger Tatsachen aus. Unsere Gesellschaft verfügt über viele Werte, die von allen anerkannt, unterstützt und von niemandem in Frage gestellt werden. Sie verurteilt die Gewalt in all ihren Formen. Kein Mensch könnte heute noch die Vorstellung von einem Gott akzeptieren, der diejenigen, die seinen willkürlichen Befehlen nicht gehorchen, mit den ewigen Höllenqualen bestraft. In unserem Rechtssystem haben wir die Folter abgeschafft, und wir versuchen, das Leid der Schuldigen auf ein Minimum zu reduzieren. Unsere Gesellschaft hat die brutalsten Formen von Ausbeutung beseitigt. Sie hat das Duell und die Privatrache abgeschafft. Heute ist sie dabei, die Krisenherde allmählich zum Erlöschen zu bringen. Sie bekämpft Krankheiten, körperlichen Schmerz und seelisches Leid. Sie tritt für die Kinder, die Alten und die Kranken ein, indem sie sie durch eine Rechtsordnung schützt. Sie hat den rassistischen Vorurteilen und den Diskriminierungen ethnischer Minderheiten den Kampf angesagt, zwar bestehen gewisse Mißstände noch immer, aber sie werden verurteilt und bekämpft wie nie zuvor.

Unsere Gesellschaft fördert die Wissenschaft, das objektive Wissen, ermöglicht Bildung für viele und versucht, durch den Ausgleich der schlimmsten Klassenunterschiede soziale Gerechtigkeit zu verwirklichen. Sie hat dafür gesorgt, daß wir für die Nöte der anderen mehr Verständnis haben und zivilisierter miteinander umgehen. Sie schärft unsere Sensibilität gegenüber der

Natur, dem Leben der Tiere, gegenüber unserem Planeten.

Und dabei sind wir innerlich nicht verkümmert. Unser Gefühlsleben ist uns nicht abhanden gekommen, die Poesie ist nicht versiegt. Die Liebe zwischen Eltern und Kindern besteht nach wie vor. Die Menschen verlieben sich auch weiterhin und leiden, wenn ihre Liebe nicht erwidert wird.

Es stimmt auch nicht, daß wir kein Pflichtgefühl hätten. Wir empfinden die Armut der Dritten Welt als Tragödie und als Verpflichtung. Wir wissen, daß es an uns ist, ganze Völker dem Elend, dem Hunger und katastrophalen Krankheiten zu entreißen. Wir wissen, daß es unsere Pflicht ist, den technischen Fortschritt auf ein ökologisches Gleichgewicht hinzulenken, das den künftigen Generationen eine Lebensgarantie gibt. Wir empfinden uns keineswegs jenseits von Gut und Böse. Wir werden immer wieder heucheln, doch wir sind uns bewußt, daß die Katastrophen in Gesellschaft und Natur das Ergebnis unseres individuellen und kollektiven Egoismus sind. Wie Faust tauschen auch wir unsere Seele für die augenblickliche Glückseligkeit ein und empfinden Scham und Furcht.

Auch wenn wir die alten Gesetzestafeln nicht mehr vor Augen haben, wissen wir doch sehr gut, wann wir Böses tun, kennen wir den Unterschied zwischen einer schlechten Absicht und einer guten, unterscheiden wir zwischen Tugenden und Lastern. Bisher hat man noch in keiner Gesellschaft Lüge, Machtmißbrauch, Gewalt, Grausamkeit, Unterdrückung der Schwachen, Arroganz, Neid, Geiz und Engherzigkeit gelobt und Freundschaft, Großmut und Altruismus verdammt.

Warum sagt man dann dauernd, daß sich die Wahrheit auf bloße Meinungen reduziere und daß die Werte zunichte geworden seien? Mit den Begriffen »Wahrheit«, »Werte«, »Normen« muß wohl etwas ganz anderes gemeint sein als das, was wir um uns herum beobachten können. Von welchen Werten, von welcher Wahrheit sprechen diejenigen, die der Vergangenheit nachweinen?

Die eigentliche Antwort scheint uns folgende zu sein: Sie starren auf eine Zeit, in der die Menschen blind an eine Schrift glaubten. An ein religiöses Buch wie den Talmud, die Evangelien, den Koran. Oder auch an ein philosophisches Werk wie das des Aristoteles, des hl. Paulus oder Hegels. Sie streben nach einem Buch, das absolute Wahrheiten enthält, die von allen sowohl aufgrund der Vernunft als auch aufgrund des Glaubens, vom Verstand wie vom Herzen akzeptiert werden; Wahrheiten, die von Gott geoffenbart oder dem Verstand vollkommen einleuchtend sind.

Aber ein solches Buch gibt es nicht mehr und kann es nicht mehr geben. Die auf Offenbarung und Dogmen gründenden Religionen gehören wie die ewig gültigen Philosophien einer Phase der Geschichte an, in der der technische Fortschritt äußerst langsam vorankam, in der die übergroße Mehrheit der Menschen Analphabeten waren, für die eine Elite des Wissens und der Macht in einem Buch die Summe der Glaubensüberzeugungen konzentrierte.

Das heilige Buch, die Gesetzestafeln, das endgültige philosophische Werk sind Merkmale von Gesellschaften, in denen das Wissen von wenigen monopolisiert und der Vernunftkritik entzogen wird, in der dieses Wissen mit Exkommunizierung, Verfolgung und Inquisition verteidigt wird. Die objektive Vernunft Horkheimers ist nichts Selbstverständliches! Die Geschichte beweist uns im Gegenteil, daß jene objektive Vernunft immer das Ergebnis von Manipulation gewesen ist, daß sie immer durch Zwang auferlegt wurde. Die Gesetze gehen nicht auf eine spontane Gefühlsregung zurück, und dem Geist erscheinen sie nicht evident. Nein. Es sind Gesetze, die den widerstrebenden Menschen autoritär, mit dem Schwert und der Angst vor der Hölle, aufgezwungen wurden.

Die objektiven Wahrheiten, die objektiven Normen und Gesetze gehören weder dem Reich der Erkenntnis noch dem der Moral, sondern dem Reich der Herrschaft und des Zwanges an. Wir vertreten in diesem Buch die These, daß die Moral keineswegs aus der Welt verschwunden ist. Sie hat sich nur von der Angst, vom Zwang befreit und ist für alle zu ihrer ursprünglichen Quelle zurückgekehrt: dem Herzen und dem Verstand.

Heute stützt sich die Moral nicht mehr auf ein göttliches Gebot oder auf die Angst vor der Hölle. Sie gründet sich auch nicht mehr auf ein Buch, auf eine philosophische Argumentation. Die Moral entsteht fortwährend in jedem Menschen aus der bloßen Tatsache heraus, daß er imstande ist zu lieben.

Die Menschen sind aggressive, egoistische, habgierige Wesen, doch sie sind fähig zu lieben. Sie sind in der Lage, mehr als sich selbst zu lieben. Freud hat diese Doppelnatur des menschlichen Wesens in zwei grundlegenden Triebkategorien zusammengefaßt. Die erste stellt den Eros, die Liebe, dar, die andere den Thanatos, die Gewalt. Die Moral entsteht also als Dilemma, als Problem, und zwar immer dann, wenn unsere Aggressivität unsere Liebes- und Identifikationsobjekte bedroht. Das Subjekt indentifiziert sich mit dem Liebesobjekt, um es vor seiner Aggressivität zu bewahren.[4] Diese grundlegende Erkenntnis Freuds wurde später von Melanie Klein weiterentwickelt. Niemand kann sich diesem Gesetz entziehen. Die Moral gehört strukturell zum menschlichen Leben, zu seiner geistigen Verfassung.

Die Moral hat deshalb keine Gesetze nötig, weil sie in jedem von uns als Dilemma immer wieder neu entsteht, wenn wir zwischen zwei Dingen wählen müssen, die uns wertvoll erscheinen oder die wir lieben. Die ökologische Moral entsteht aus unserer Liebe zur Natur, zu den Tieren, aus der Sorge um die Zukunft unserer Kinder. Sie entspringt der Angst, mit unserer ökonomischen und technischen Aggressivität den für uns wesentlichen Dingen Schaden zuzufügen. Und sie stellt sich als Dilemma dar, weil wir wissen, daß wir einander widersprechende Dinge nicht gleichzeitig haben können, sondern Verzicht leisten und zwischen dem, was gut, und dem, was schlecht ist, wählen müssen.

Diese Erfahrung wird für uns besonders wichtig in bestimmten Momenten unseres individuellen und gesellschaftlichen Lebens, in Augenblicken der Veränderung, der radikalen Entscheidung. Und dasselbe gilt auch für die Erfahrung der Wahrheitsfindung. Wir entdecken die Wahrheit nicht alle Tage. Aber es gibt Augenblicke, in denen sie uns erscheint. Aus dem erlebten Kontakt mit dem Absoluten resultierte stets, in der Vergangenheit und auch heute noch, die intuitive Erfassung der Werte sowie der Wahrheit. Einer von uns hat das als »status nascendi« bezeichnet[5], andere als Erfahrung des Seins[6], und wieder andere als Offenbarung. Nie ist es der kalte Verstand gewesen, der uns sagte, wohin wir gehen sollten, was unser letztes Ziel sei. Und auch heute ist es nicht so. Erst wenn wir vor der Entscheidung stehen, entdecken wir, was für uns wesentlich ist, was größeren Wert hat als wir selbst. Auf diese Weise entstehen die Werte und die Moral immer neu.

Und doch ist dies nur eine Wurzel der modernen Moral. Die andere stellt sich in der Vernunft dar. Ohne Vernunft kann die Offenbarung zu einem Delirium, die selbstlose Tat unbedacht und schädlich werden. Moral entsteht erst, wenn die Vernunft sich der Intuition annimmt und den Impuls der Liebe und der Selbstlosigkeit einem guten Zweck zuführt.

Somit haben wir die Hauptthese dieses Buches eingeführt. Die moderne Moral unterscheidet sich von der alten und hat nicht nur eine einzige Wurzel, sondern zwei. Auf der einen Seite steht der Gefühlsimpuls und auf der anderen die Vernunft.

Der Umstand, daß das Buch von einem Soziologen und einem Philosophen geschrieben wurde, drückt diese ursprüngliche, wesentliche und untilgbare Doppelnatur aus. Kein philosophisches Räsonnement kann die Liebe in ihren verschiedenen Formen hervorrufen: Mutterliebe, Freundschaft, Patriotismus, Liebe zur Natur, Menschheitsliebe. Kein Argumentieren kann uns vom Verstand her dazu bringen, zugunsten der anderen zu handeln, indem wir unser egoistisches Interesse überwinden. Diese Überwindung erfolgt aus einem anderen Motiv, auf einer anderen Grundlage. Ohne ein Liebes- und Identifikationsobjekt kann kein Mensch leben. Der Philosoph muß von diesem Faktum ausgehen.

Andererseits trägt der Impuls der Liebe in all seinen Formen keine Garantie für das Wohl des geliebten Objekts in sich, wenn er nicht von der Vernunft geleitet wird. Und im komplizierten Geflecht der individuellen und kollektiven Beziehungen erweist sich die Aufgabe der Vernunft als immens. In den primitiven und archaischen Gesellschaften genügten wenige Normen, um die gewöhnlichen Probleme zum Vorteil der Allgemeinheit zu lösen. In unserer Gesellschaft reichen sie nicht mehr aus. Noch so detaillierte Gesetze, eine noch so minutiöse Kasuistik vermögen der unaufhaltsamen Entwicklung unserer konkreten Beziehungen nicht zu folgen.

Die Moral erwächst unmittelbar aus der Begegnung

von Altruismus und Vernunft. Und doch sind diese beiden Komponenten, geschichtlich gesehen, häufiger getrennt als vereint aufgetreten. In den einzelnen Kulturen haben sie unterschiedliche Bedeutung. Es gibt Gesellschaften, die dem Gefühl, der Leidenschaft, der Liebe, welcher Art auch immer, mehr Bedeutung beimessen und kaum auf die Konsequenzen sehen. In einigen katholischen Ländern wie Italien wird die Moral mit der Empfindung, der Intuition gleichgesetzt. Das führt zu vielen Verzerrungen, Fehlleistungen und auch zu vielen Ungerechtigkeiten.

In manchen Gesellschaften und Kulturen genießt vor allem die innere Erfahrung der Pflicht besondere Wertschätzung. Da ist es verdienstvoll, eine Tat gegen die eigenen Triebe zu vollbringen, wenn auch widerstrebend, weil sie der spontanen Neigung Gewalt antut. Diese Denkweise korrigiert und ergänzt die vorher genannte. Aber auch sie führt, für sich genommen, zu Verzerrungen und sogar zu Schlimmerem. Wie soll ein Kind heranwachsen, das von der Mutter aus bloßem Pflichtbewußtsein versorgt wird? Welche Beziehung sollen wir zu anderen aufbauen, wenn wir unserem Wunsch nach Spontaneität und Glück dauernd Gewalt antun?

Wenn die Moral zwei Wurzeln hat, wird jedes System, das bestrebt ist, sie nur aus einer einzigen zu entwickeln, mit Sicherheit verdorren. Das vorliegende Buch möchte diese Gefahr bannen und daran erinnern, daß unser moralisches Leben stets aus seiner doppelten Quelle schöpfen muß. Es spricht deshalb von Leidenschaft und Vernunft und ihrer schwierigen, aber notwendigen Begegnung.

Dies ist hier nur eine Einleitung. Nun müssen wir den Weg nachzeichnen, der von der früheren Moral zur vernunftgeleiteten Moral geführt hat. Den Ausgangspunkt bildet die klare Einsicht, daß eine Handlung keinen moralischen Wert besitzt, wenn sie aus Angst erfolgt. Wenn ich etwas tue, um dem Gefängnis, der Folter oder dem Tod zu entgehen, handle ich nur egoistisch und eigennützig. Deshalb kann der Grund für eine moralische Handlung nicht in der Angst vor der Hölle liegen. Das Aufbegehren Luthers und die protestantische Reformation haben hier ihren Ursprung. Unsere Reise zu einer vernunftgeleiteten Moral wird daher bei der Reformation ihren Anfang nehmen.

Erstes Kapitel

Der Ausgangspunkt

Zu den Anfängen der Reformation

Denken wir an den Beitrag des Protestantismus zur Entwicklung der modernen Welt, so fällt uns sofort Max Webers Aufsatz *Die protestantische Ethik und der Geist des Kapitalismus* [1] ein.

Weber will das zweckbestimmte Verhalten des Kapitalisten und die Akkumulation des Kapitals erklären. Sein Ausgangspunkt ist nicht die Lehre Luthers, sondern die calvinistische Theologie. Insbesondere die calvinistische Doktrin der Prädestination. Nach dieser Doktrin hat Gott aus unerforschlichen Gründen beschlossen, einige zu retten und die anderen zu verdammen. Der Calvinist lebt in der Furcht, zu den Verdammten zu gehören. Sein untadeliges Verhalten ist von strenger Pflichterfüllung geprägt, aber was immer er auch tut, er wird doch niemals wissen, ob Gott ihn auserwählt oder verstoßen hat. Er sucht nach Zeichen, nach Hinweisen. Und schließlich nimmt er den Erfolg, den Reichtum, die Vorteile, die er sich in der Welt erwirbt, als Zeichen der göttlichen Gunst. Wenn Gott ihm Wohlstand schenkt, kannn er hoffen, unter den Auserwählten zu sein. Seine strenge Moral zwingt ihn, zu arbeiten, nichts zu verschwenden. Seine Hoffnung läßt ihn nach Bereicherung streben, weil der Reichtum ein Beweis für die Erlösung ist. So erklärt sich die Akkumulation. Das verdiente Geld wird nicht ausgegeben, sondern mit kühlem Kopf investiert. Es trägt Früchte. Die Erträge werden wiederum investiert und so fort.

Dies ist die bekannteste These Max Webers. Aber, so mögen wir uns fragen, ist damit tatsächlich der eigentliche, typische Beitrag des Protestantismus zur Moral erfaßt? Ist das wirklich das Wesen der protestantischen Ethik? Zweifel sind angebracht. Die Calvinisten haben sich, zumindest teilweise, so verhalten, wie Max Weber es beschreibt. Aber aus einem Grund, über den Weber hinweggeht. Der Protestantismus lehnt die patristische Tradition des Mittelalters ab – die Hierarchie. Er verläßt sich nur auf die Bibel. Und in der Bibel überwiegen ganz klar die Verhaltensmuster des Alten Testaments. Die Vorstellung, daß die göttliche Wahl sich im weltlichen Erfolg niederschlage, ist eine Vorstellung der Bibel. Abraham, Isaak, Jakob, Joseph und Hiob sind nach Gottes unerforschlichem Ratschluß auserwählt. Ihnen, und nur ihnen, vertraut er die Aufgabe an, seinen göttlichen Plan zu verwirklichen. Und diese Bevorzugung durch Gott manifestiert sich auch in weltlichen Beweisen: in wirtschaftlichem Erfolg, in einer zahlreichen Nachkommenschaft, in Reichtum und Macht.

Weber hat sich mit dem Teil des Protestantismus beschäftigt, der am stärksten vom Alten Testament geprägt ist. Aber im Protestantismus findet sich auch eine Klärung und Vereinfachung der spezifisch evangelischen, neutestamentlichen Botschaft. Um das zu begreifen, sollte man nicht von Calvin, sondern von Luther ausgehen, ja, von der ursprünglichen Eingebung Luthers, von der Idee, die in wenigen Jahren die Herzen der Menschen in Europa entflammt und sogar die katholische Kirche gezwungen hat, sich zu erneuern.

Nehmen wir als Ausgangspunkt dafür die geistige Krise Luthers, eine Krise, die Jahre – von 1511 bis 1515 – gedauert hat. Luther selbst sagt uns, worin sein Problem bestand. Er war besessen von einem Richter-Gott, einem Rächer, einem Gott des Zorns. Angesichts dieses Gottes wird der Mensch, was immer er auch tut, nie sicher sein können, ob er seine Vergebung verdient hat. Wie der hl. Augustinus hatte auch Luther erkannt, daß die Seele des Menschen nie rein ist. Auch wenn er eine gute Tat vollbringt, kann seine innere Absicht davon abweichen. Der Freigebige findet Gefallen an seiner Freigebigkeit. Er denkt bei sich: »Schau, wie freigebig ich bin«; und schon ist er es nicht mehr. Der Demütige hört auf, demütig zu sein, sobald er über seine Haltung Befriedigung empfindet. Das erotische Verlangen ist allgegenwärtig, und unser Geist hält sich damit auf, es zu verdrängen. In der Sprache der damaligen Zeit ausgedrückt, ist der Mensch mit der Schwäche der Erbsünde behaftet und kann sich nicht selbst davon befreien.

Wie entgeht Luther dieser Angst? Als er den *Römerbrief* des hl. Paulus las, hatte Luther die berühmte Erleuchtung, das sogenannte Turmerlebnis: Er begriff, daß der Ausdruck »Gerechtigkeit Gottes« nicht jene Gerechtigkeit bedeutet, »durch die er in sich selbst gerecht ist, sondern diejenige, durch die wir kraft seiner Gnade gerechtfertigt sind«. Gerechtfertigt meint hier: gerettet, erlöst, geliebt. Bei der anschließenden Kommentierung des *Briefes an die Hebräer* geht er noch einen Schritt weiter. Der Glaube an Gott gibt uns geradezu die Gewißheit der Rettung. Christus hat durch sein Opfer alle Menschen gerettet, und deshalb kann jeder Christ zu sich selbst sagen: »Du mußt glauben, daß Gott dir die Sünden vergeben, die Gnade verleihen und die ewige Herrlichkeit geben kann...« »Vor nichts hat der Christ sich noch weiterhin zu entsetzen, weder in diesem noch im künftigen Leben...« »Deshalb muß ein Christenmensch gleich als Gottes Sohn allzeit sich freuen, allzeit singen, gar nichts fürchten, stets ohne Sorge sein und sich Gottes rühmen.«[2]

20

Diese Erleuchtung verscheuchte alle Ängste des Mittelalters; die Angst vor Teufel und Hölle schwand. Man muß auf einmal nicht mehr Buße tun, das Fleisch kasteien, sich in ein Kloster einschließen und fasten. Das Leben bricht sich Bahn. Eine Geburtsstunde, eine Morgenröte. Ganz Europa wurde von Hoffnung und Freude erschüttert.

Die mittelalterliche Welt war bereits zum Untergang verurteilt. Die kultivierten, scharfsinnigen Humanisten in Italien, die Menschen der Renaissance, ließen sich nicht mehr von der Rettung der Seele und von der Hölle terrorisieren. Sie betrachteten die Welt als eine Realität, die es zu erobern und zu verändern galt. Aber die katholische Lehre, das Dogma, die religiösen Praktiken waren unverändert geblieben. Das Papsttum hatte weder Zeit noch Neigung, sich mit Theologie zu beschäftigen. Luther lebte in Deutschland, einem, im Vergleich zu Florenz oder Rom, rückständigen Land. Aber auch hier waren die Fermente des Neuen gereift und drängten gegen die düstere Vorstellungswelt des Mittelalters an. Luther sollte ihnen zum Durchbruch verhelfen, aber auf dem Gebiet der Religion, durch eine Erneuerung der religiösen Erfahrung.

In Wirklichkeit blieb Luther im großen und ganzen ein Mensch des Mittelalters. Er glaubte an den Teufel, hatte Angst vor der Hölle, vor dem Ende der Welt, vor dem Antichristen, vor der Apokalypse. Die Kraft der Erneuerung in seiner Lehre hatte mit diesen Dingen jedoch nichts zu tun. Sie hing vielmehr mit der anfänglichen Erleuchtung zusammen, mit der Eingebung, daß Christus die Menschen, alle Menschen, durch sein Opfer gerettet habe. Und zwar deshalb, weil er sie liebte.

Eros und Agape

Der Theologe, der diese fundamentale Erkenntnis Luthers am deutlichsten herausgearbeitet hat, ist Anders Nygren. Sein Buch *Eros und Agape*[3] ist ein für das Verständnis der modernen Welt grundlegendes Werk. Nygren hat gezeigt, daß man unter dem Wort »Liebe« zwei vollkommen verschiedene Phänomene versteht. Das eine ist ein Begriff griechischen Ursprungs, der *Eros* (E'ρως), das andere eine Vorstellung, die erst im Christentum und insbesondere bei Paulus auftaucht: die *Agape* (ἀγάπη). Beide Begriffe, *Eros* wie *Agape*, werden mit »Liebe« übersetzt, aber man darf sie nicht verwechseln.

Eros ist Sehnen, Verlangen, Begehren. Man verlangt nur nach dem, was man nicht besitzt, was einem fehlt. Der *Eros* richtet sich auf etwas, was als Wert empfunden wird. Liebe und Wert sind innig miteinander verbunden. Für die Griechen mit ihrem Rationalismus und Realismus war gar nichts anderes denkbar. Die Seele verlangt nach dem, was wertvoll ist, und begehrt deshalb als höchstes Gut das, was den größten Wert besitzt: das *summum bonum*. Der Eros führt zu Gott. Nygren macht sehr gut deutlich, daß die Liebe (Eros) in der Welt der Griechen ein vermittelnder Begriff ist, ein Mittler zwischen dem Menschlichen und dem Göttlichen. Die Götter lieben nicht, weil sie ein glückliches Leben führen, ohne von Begierde und Bedürftigkeit gestört zu werden. Die Liebe richtet sich vom Niedrigen zum Hohen und gehört deshalb ausschließlich zum Menschen.

Der griechische Eros hat ein Motiv, eine Ursache. Zuallererst, weil er sich dem zuwendet, was wertvoll ist; aber auch in dem Sinne, daß er für das Subjekt von Vorteil ist. Das Vorbild für die griechische Auffassung von Liebe ist die Freundschaft. Der Freund muß der Liebe würdig sein, muß Tugenden besitzen, die Liebe erwidern, im Falle der Not helfen.[4] Ein Freund, der die Liebe nicht erwidert, der sich uns gegenüber schlecht benimmt, »verdient« unsere Freundschaft nicht mehr. In der Vorstellung der Griechen ist auch die Liebe zu Gott eigennützig. Gott wird gesucht, weil er die selig machende Seligkeit, weil er die vollkommenste Quelle des Glücks ist.

Bei Aristoteles wird der platonische Eros zu einer umfassenden kosmischen Kraft erhoben. Alles strebt zu Gott. Aber Gott erstrebt nichts, braucht nichts, tut nichts. Er ist der unbewegliche Motor. Im Neuplatonismus begegnen wir einer mystischen Darstellung des Eros. Gott, der Eine, ist *Eros* selbst. Aber er ist die Liebe zu sich selbst, weil er die Schönheit nur durch sich und in sich finden kann. Das göttliche Leben ist ein glückseliges Leben. Der Mensch strebt zu Gott, strebt nach dieser Glückseligkeit und vereinigt sich durch die Mystik wieder mit ihm. Aber Gott liebt den Menschen nicht.

Der andere Liebesbegriff, die *Agape*, ist dem erstgenannten entgegengesetzt. Diese Liebe erhebt sich nicht vom Niedrigen zum Hohen, sondern geht vom Hohen zum Niedrigen. Sie richtet sich nicht vom Menschen zu Gott, sondern von Gott zum Menschen. Während sich der Eros dem zuwendet, was wertvoll ist, liebt die Agape, ungeachtet des Wertes, spontan, ohne Grund. Die Liebe Gottes meint nicht nur die Gerechten, Guten, Verdienstvollen, sondern alle, Gerechte und Ungerechte, Gute und Böse. Christus ist für die Schwachen, die Gottlosen, die Sünder, die Feinde gestorben. Paulus schreibt: »Denn auch Christus, da wir noch schwach waren nach der Zeit, ist für uns Gottlose gestorben. Nun stirbt kaum jemand um eines Gerechten willen, um eines Gutes willen dürfte vielleicht jemand sterben. Darum preist Gott seine Liebe gegen uns, daß Christus für uns gestorben ist, da wir noch Sünder waren. So werden wir ja viel mehr durch ihn bewahrt werden vor dem Zorn, nachdem wir durch sein Blut gerecht worden sind. Denn so wir Gott versöhnt sind durch den Tod seines Sohnes, da wir noch Feinde waren, wie viel mehr werden wir selig werden durch sein Leben, so wir nun versöhnt sind.«[5]

Die Liebe (Agape), die der Liebe Gottes zu den Menschen am nächsten kommt, ist die Liebe der Mutter und des Vaters zu ihren Kindern. Die Mutter liebt ihr Kind, auch wenn es häßlich oder unbegabt oder ein schlechter Mensch ist. Sie liebt es, selbst wenn es ihre Liebe nicht erwidert, wenn es sie schlecht behandelt, sie nicht sehen will. Die Liebe als Agape nimmt Zurückweisung, Undank, sie nimmt alles hin.

Nach dieser Vorstellung erfaßt die Liebe Gottes zu seinen menschlichen Geschöpfen auch den einzelnen Menschen und wird in ihm zur Nächstenliebe. Als animalisches Geschöpf liebt der Mensch, seiner Natur entsprechend, nach dem Modell des Eros. Er liebt das, was er braucht, was Wert besitzt. Nur Gott liebt auch das, was wertlos, ja sogar abstoßend ist. Gott liebt seine Geschöpfe, die im Vergleich zu ihm nichts sind. Und seine Liebe, die er in den Menschen investiert, erwärmt dessen Herz und bewegt den Menschen dazu, ebenso zu lieben. Die *Agape* Gottes erzeugt die Nächstenliebe.

Der Mensch ist von Natur aus unfähig, seinen Feind zu lieben. Gott, der über alle Vorstellungen von Freund und Feind erhaben ist, bringt ihn dazu, alle, auch den Feind, zu lieben. Die Nächstenliebe ist ein Zeugnis für die Liebe Gottes zu seinem Geschöpf. Nygren schreibt: »Im Leben der Agape ist es nicht der Mensch selbst, der handelt. Das eigentliche Subjekt ist Gott, der Geist

Gottes, der Geist Christi, die Agape Christi. Zwischen Christus und den Christen besteht eine Gemeinschaft, die Paulus im *Galaterbrief* 2,20 so beschreibt: ›Ich lebe aber, doch nun nicht ich, sondern Christus lebt in mir.‹«[6] Die Nächstenliebe stellt deshalb keine verdienstvolle Handlung dar. Es gibt überhaupt keine verdienstvolle Handlung, weil alles von Gott kommt. Wir sollen den Nächsten und die Feinde lieben, wie Gott sie liebt, ohne Grund.

Das ist die revolutionäre Erkenntnis Luthers. Und eben deshalb bekämpft er mit allen Mitteln die Auffassung von der Erlösung aufgrund guter Werke. Denn der Christ darf nie, unter gar keinen Umständen, seinen eigenen Vorteil suchen, nicht einmal, indem er Gutes tut. Die Liebe muß ganz spontan und unbegründet sein. Auch die Liebe zu Gott darf keine bestimmten Gründe haben. Das Streben nach dem eigenen Vorteil macht das Wesen der Sünde aus. Wer gute Taten begeht, um sich das ewige Leben zu verdienen, sucht sogar noch im Himmel den eigenen Vorteil. Das aber ist Sünde.[7]

Das einzige christliche Gebot lautet für Luther, wie für Paulus: Liebe Gott mehr als alles andere und deinen Nächsten wie dich selbst. Aber nicht in dem Sinn, daß sich die Nächstenliebe auf die Eigenliebe gründen soll. Im Gegenteil, das Gebot der Nächstenliebe schließt die Eigenliebe aus. Die Eigenliebe kennzeichnet den Naturzustand des Menschen. Die Nächstenliebe, sofern sie göttliche Liebe ist, schließt die Eigenliebe aus, transzendiert, überwindet sie.

Die lutherische Ethik ist somit in ihrem tiefsten Kern vollkommen und unwiderruflich antieudämonistisch. Gut handelt man nur, wenn man dabei nicht auf den eigenen Vorteil sieht, wenn man ohne Eigenliebe, ausschließlich für die anderen, nur aus Liebe zu den anderen tätig ist. Der Schwerpunkt wird vom Ich auf das Du,

auf die anderen, verlagert. Was in Luthers Lehre ange-
legt ist, sollten andere in den folgenden Jahrhunderten
zur vollen Entfaltung bringen.

Diese höchste Lehre ist bei Luther natürlich wenig
mehr als ein Keim. Luther selbst hat sich kaum daran
gehalten. Er war impulsiv und cholerisch, wütete gegen
die katholische Kirche und gegen das Papsttum. Als die
Bauern aufbegehrten, forderte er die deutschen Für-
sten auf, diese Mörder- und Räuberbanden auszurot-
ten. Später verdammte er die Wiedertäufer. Und doch
blieb die ursprüngliche Idee für die religiöse Sensibilität
des Protestantismus grundlegend und wirkte durch die
Jahrhunderte hindurch fort. In Ermangelung einer aus-
gebildeten Dogmatik, einer institutionalisierten Lehre,
einer unfehlbaren Hierarchie und einer minutiösen Kasuistik wie der katholischen hat das Gebot der Nächstenliebe das Denken bewegt. Wenn das Gebot der
Nächstenliebe das einzig bedeutsame Gebot ist, und
wenn es keine überkommenen Regeln gibt, kann man
sich nur an die Vernunft halten, um zu entscheiden, wie
man sich zu verhalten, wie man zu wählen hat. So ist die
moderne Moral entstanden.

Die Theorie der göttlichen Liebe (Agape) bezeichnet
ein unendliches Ziel, das niemand erreichen kann, aber
nach dem die Menschen streben sollen. Wie man sich
diesem Ziel nähern soll, während man in der Welt lebt,
das muß einem die Vernunft sagen, das ist ihre Aufgabe
geworden.

Zweites Kapitel

Religion und Fortschritt

Die Last der Theologie

Akzeptiert man die Hypothese von einem Gott der
Agape, dessen unendliche Liebe für seine Geschöpfe
sogar den Opfertod am Kreuz einschließt, so muß man
zu dem Schluß kommen, daß in den Evangelien Reste
von religiösen Vorstellungen erhalten geblieben sind,
die mit diesem Gott nichts zu tun haben. Deutlich zeigt
sich der Gott der Agape in der Bergpredigt, in den
Gleichnissen vom verlorenen Sohn, vom guten Hirten
und vom Besitzer des Weinbergs. Es gibt aber auch
Gleichnisse, in denen sich die göttliche Liebe nur dem
zuwendet, der sie verdient, der das Gesetz befolgt, und
in denen die anderen bestraft werden. Im Gleichnis von
den klugen und den törichten Jungfrauen trifft die göttliche Strafe diejenigen, die ihre Lampen erlöschen lassen. In der Parabel von der Einladung zur Hochzeit wird
der Gast bestraft, der nicht im passenden Gewand erscheint. Hier offenbart sich ein Gott, der nur die Gerechten liebt, wie er für den jüdischen Glauben tpyisch ist.
Dann gibt es Textstellen, z. B. die Versuchungen Christi,
in denen der Teufel – ein Relikt der mazdaistischen Religion – auftritt. Und schließlich geben uns Markus und
Lukas in der Apokalypse Hinweise auf den göttlichen
Zorn. Darüber hinaus hat das Urchristentum noch andere religiöse Vorstellungen in sich aufgenommen, und
das Bemühen der christlichen Theologen bestand in den
ersten Jahrhunderten darin, diese vielfältigen Überlie-
ferungen in einen Zusammenhang zu bringen.

Das hat in den verschiedenen Ländern und bei den verschiedenen Kirchenvätern natürlich zu unterschiedlichen Ergebnissen geführt. Als offizielle Lehrmeinung setzten sich schließlich diejenigen Auslegungen durch, die den wirtschaftlichen, sozialen und politischen Erfordernissen der Epoche am besten entsprachen. Sicher war das Christentum des 4. Jahrhunderts zu etwas gänzlich anderem geworden, als es jener Aufruf zu Liebe, Vertrauen und Erlösung in den Evangelien und den Briefen des hl. Paulus nahelegte. Das ist vor allem auf Tertullian und den hl. Augustinus zurückzuführen.

Quintus Septimus Tertullian – schreibt Camporesi – war »einer der Gründerväter der Hölle, der grausamste Exeget des strafenden Feuers und der nach Rache dürstenden Gerechtigkeit Gottes, ...der düstere Begründer der christlichen Theologie des Abendlandes... *Quae tunc spectaculi latitudo* (welch wunderbares Schauspiel!) hatte er ausgerufen, als er sich das große Gemetzel ausmalte, das unter den entzückten Schreien des Paradieses Ordensvorsteher, Verfolger, Philosophen, Tragöden und Komödianten, Wettkämpfer und Wagenlenker im Höllenrachen (*in imis tenebris*) verschlingen würde.«[1] Und Augustinus sollte nicht eher ruhen, bis er – gegen die Meinung des Origenes – der Vorstellung von den ewigen Höllenqualen allgemeine Geltung verschafft hatte. Bereits hier, so darf man behaupten, war aus dem Christentum eine andere Religion geworden. An die Stelle des barmherzigen Gottvaters war nun »ein mit Feuer strafender Herrscher, ein beispielhafter Anheizer, ein Brandstifter ohne Gewissensbisse, ein *Deus ridens*, ein grinsender Gott (*subsannans*) getreten, der am grausamen Schauspiel Gefallen fand und dabei in Ekstase geriet... Die Sünder finden keine Ruhe, keine endgültige Erlösung.«[2]

In dieser religiösen Schreckenswelt, die von einem

grausam peinigenden Gott beherrscht wird, wächst Luther auf. Vor diesem Gott hat er, wie alle Menschen seiner Epoche, Angst. Allerdings hat Luther den Mut, seine Angst, sein Entsetzen offen zu bekennen. Klarsichtig erkannte er in dem Gott des Augustinus und der Scholastiker einen Richter und Rächer und stellte sich Christus als Peiniger, nicht als Tröster vor.[3] Im Grunde aber handelte es sich nur um die Ausführungen der Kirchenväter und Theologen des Mittelalters. Um sich von diesem Alpdruck zu befreien, hätte er auf die Evangelien und die Paulus-Briefe zurückgreifen müssen, also auf die Texte, die schon bestanden, bevor jene ihren Beitrag geleistet hatten.

Und doch kehrt auch im Protestantismus nach dem anfänglichen Befreiungsakt der Alptraum von der Verdammnis und dem göttlichen Zorn zurück. Warum? Weil alte Überzeugungen, alte Empfindungen, alte Gewohnheiten lebendig blieben. Überdies maß der Protestantismus der Bibel eine zentrale Bedeutung bei und verlieh deshalb dem Alten Testament im Vergleich zum Neuen größeres Gewicht. Daraus ergaben sich neue und schwierige Probleme für die Deutung, Angleichung und Erklärung.

In allen Offenbarungsreligionen besteht die intellektuelle Arbeit des Gläubigen im wesentlichen in Exegese, Interpretation und Hermeneutik. Jeder neue Glaubenssatz, jede neue Regel muß im heiligen Text wiedergefunden und durch ihn gerechtfertigt werden. Der heilige Text, seine Beispiele prägen also schließlich Sprache und Denkweise des Interpreten. Die Vergangenheit dringt ständig in die Gegenwart ein und erstickt sie häufig ganz. Je mehr die Institution erstarrt, je stärker die Organisation und die Lehre der Scholastik vorherrschen, desto stärker setzt sich schließlich das Alte durch, und das Neue, die Offenbarung, wird im Keim erstickt. Als sich Luther endlich von der Angst der Sünde befreit hat, schreibt er: »Als Sohn Gottes hat der Mensch weder in dieser noch in der zukünftigen Welt etwas zu befürchten.« ...»er soll stets glücklich sein, immer singen, nichts fürchten, immer sicher sein und sich in Gott erfreuen.« – Doch bereits wenige Jahrzehnte später lebten die Calvinisten – obwohl sie sich auf Luther bezogen – in der Angst, zur ewigen Verdammnis prädestiniert zu sein. Und die weitere Entwicklung der calvinistischen Theologie führt dann zur Abfassung eines Dokuments wie der *Westminster Confession*. Lesen wir daraus den berühmten, von Max Weber zitierten Passus.

»Kapitel 3. (Vom ewigen Ratschluß Gottes.) Nr. 3: Gott hat zur Offenbarung seiner Herrlichkeit durch seinen Beschluß einige Menschen... bestimmt (*predestinated*) zu ewigem Leben und andere verordnet (*foreordained*) zu ewigem Tode. Nr. 5: Diejenigen aus dem Menschengeschlecht, welche bestimmt sind zum Leben, hat Gott, bevor der Grund der Welt gelegt wurde, nach seinem ewigen und unveränderlichen Vorsatz und dem geheimen Ratschluß und der Willkür seines Willens erwählt in Christus zu ewiger Herrlichkeit, und dies aus reiner freier Gnade und Liebe, nicht etwa so, daß die Voraussicht von Glauben oder guten Werken oder Beharrlichkeit in einem von beiden, oder irgend etwas anderes in den Geschöpfen, als Bedingung oder Ursache, ihn dazu bewogen hätten, sondern alles zum Preise seiner herrlichen Gnade. Nr. 7: Es gefiel Gott, die übrigen des Menschengeschlechts gemäß dem unerforschlichen Rat seines Willens, wonach er Gnade erteilt oder vorenthält, wie es ihm gefällt, zur Verherrlichung seiner unumschränkten Macht über seine Geschöpfe zu übergehen und sie zu ordnen zu Unehre und Zorn für ihre Sünde, zum Preise seiner herrlichen Gerechtigkeit.«[4]

Wie konnte eine derartige Vorstellung entstehen? Luther hatte erkannt, daß Gott nicht nach Maßgabe des Verdienstes belohnt und bestraft. Vor Gott ist niemand viel wert, hat niemand Verdienste. Außerdem liebt Christus die Menschen, Gute wie Böse, Gerechte wie Sünder, und erlöst sie alle. Das Problem der Sünde hätte endgültig erledigt sein müssen. Doch weder Luther noch die anderen, sofern sie religiös waren, besaßen die Fähigkeit, die heiligen Texte neu zu lesen und alles zu eliminieren, was in offenem Widerspruch zu der Vorstellung von einem Gott der Liebe (Agape) stand. Bestimmte Bücher wurden ihnen als Offenbarung überliefert, und sie nahmen sie ohne jede Diskussion an. Diese Texte enthielten andere Gottesbegriffe, Vorstellungen, die sich historisch, vor Jahrtausenden, entwickelt hatten. Nach einer dieser Vorstellungen wählte Gott ein Volk oder ein Individuum aus, um seinen Plan zu erfüllen. Er liebte nicht alle seine Geschöpfe gleich. Er liebte die Gerechten und haßte die Bösen, er belohnte jene und verdammte diese. Später bildete man die Vorstellung vom Paradies und von der Hölle heraus. Die Kirche des Mittelalters machte daraus den Ort, an den Gott diejenigen schickt, die er belohnt beziehungsweise bestraft. Alles in allem entstand aus diesen Ideen eine Vorstellung von Gott, die nichts mit dem Gott der Liebe (Agape) zu tun hatte.

Die Theologie Luthers und Calvins wies aber einen unauflösbaren inneren Widerspruch auf. Sie enthielt zwei gegensätzliche Bilder von Gott, hervorgegangen aus zwei vollkommen verschiedenen Kulturschöpfungen: zum einen das Bild eines Gottes, der einzelne Menschen bevorzugt oder verstößt, erlöst oder verdammt, liebt oder haßt; zum andern die Vorstellung von einem Gott, der alle ohne Unterschied liebt, Gerechte wie Ungerechte, Gute wie Böse.

Luther und Calvin hatten begriffen, daß das Paradies nicht die Belohnung der Guten und die Hölle nicht die Bestrafung der Bösen bedeutet. Hätten sie sich da nicht fragen müssen: Wenn diese Orte nicht als Belohnung und Strafe fungieren, wozu sind sie dann überhaupt da? Gibt es sie wirklich? Und wenn es sie nicht gäbe? Wenn auch sie, wie das Fegefeuer, der Ablaß und unzählige andere Glaubensartikel nur eine Art Wildwuchs des antiken und mittelalterlichen Christentums wären? Fragen, die sich sowohl Luther als auch Calvin hätte stellen müssen. Aber sie haben es nicht getan, weil sie Menschen waren, die blind an das heilige Buch glaubten, was immer auch darin geschrieben stand. An einigen Stellen ist dort vom Paradies und von der Hölle die Rede. Obwohl sie erkannt hatten, daß Gott weder belohnt noch bestraft, glaubten sie weiterhin, daß es einen Ort der Belohnung und einen der Bestrafung gebe.

Dieser Widerspruch hatte schreckliche Folgen. In ihrer Unfähigkeit, sich von den alten Glaubensüberzeugungen zu befreien und an ihre Stelle eine vernünftige ethische Aufgabe zu setzen, haben die Calvinisten das Absurde verkündet. Gott, der nicht mehr richtet, schickt die Menschen ohne Grund in die ewige Freude und in die ewige Qual. Die Hölle dient zwar nicht der Strafe, aber Gott schickt diejenigen, die er zu verdammen beschlossen hat, für alle Ewigkeit dorthin, ohne daß sie etwas Böses getan hätten.

Max Weber hat sich geirrt, als er meinte, aus dieser theologischen Ungeheuerlichkeit habe die moderne Welt entstehen können. Zunächst ist sie die Quelle fortwährender Gegensätze innerhalb des Calvinismus selbst gewesen.[5] Wenige Jahrzehnte nach der *Westminster Confession* befanden sich die Verfechter der doppelten Prädestination[6] in der Minderheit, und es überwogen die Arminianer[7], die die Prädestination der Verdamm-

ten nicht gelten ließen. Übrigens lehnten die aufgeklär-
testen Geister, angefangen mit Milton, die Prädestination als eine Verirrung ab. Ja, man kann sogar behaupten, daß gerade die Absurdität und die Unannehmbar-
keit dieser Lehre zur Ablehnung der Theologie am
Ende des 17. Jahrhunderts führten; ebenso, wie die
Grausamkeiten der Religionskriege den Abscheu vor
religiösem Fanatismus auslösten und damit dem modernen Rationalismus den Weg bahnten.

Die Welt wird sich erneuern, wenn die Menschen
theologischen Wahnwitz und Religionskriege von sich
weisen, wenn sie nicht mehr an Hölle und Verdammnis
glauben, wenn sie anderen ihren Glauben nicht mehr
aufzwingen wollen, wenn sie die tausendjährigen Abla-
gerungen beseitigen und vom Christentum die eigentliche moralische Botschaft übernehmen und nichts
mehr von einem Gott hören wollen, der sich wie ein
cholerischer Patriarch oder wie ein Inquisitor des Mittelalters gebärdet.

Die Welt wird sich erneuern, wenn die rationale Kritik bei den heiligen Texten ansetzt, wenn die Intelligenz
den Mut hat, auch innerhalb dieser Texte zwischen
dem, was moralisch und dem, was unmoralisch ist, zu
unterscheiden – und die Rückstände aus archaischen
und barbarischen Epochen von den Elementen zu tren-
nen, die sich dagegen deutlich als Antizipation eines
fortschrittlicheren Bildes vom Menschen und seiner
Aufgabe darstellen und neue Perspektiven eröffnen.

Das universalistische Moment in den Bewegungen

Müssen wir also daraus den Schluß ziehen, daß die moderne Ethik, die Ethik der Vernunft, aus dem Tod der Religion geboren wurde, als ihr schließlich die Religion, von der Vernunft besiegt, das Feld überließ? Nein. Diese Folgerung wäre übereilt und verfehlt. Wie alles menschliche Wirken hat auch die Religion immer zwei Seiten, zwei Phasen, die man logisch und historisch auseinanderhalten muß. Da gibt es den auslösenden Impuls, den Ursprung, der einen Bruch mit der Vergangenheit herbeiführt und sich als radikale Neuerung darstellt. Das ist der Augenblick des *status nascendi*, wo der Prophet, der religiöse Reformer sagt: »Es steht geschrieben, aber ich sage euch.« Dann folgt eine Phase, in der die Intuition und der Elan des Anfangs sich konsolidieren, festlegen und in der Sprache der jeweiligen Zeit ausdrücken. Die konkreten sozialen und politischen Erfordernisse der Epoche, die Ängste des täglichen Lebens, die Voraussetzungen der Herrschaft gehen in diese Phase ein. Eine historisch gewachsene Religion hat immer diese zwei Seiten.

Einen seiner schwersten Irrtümer beging Max Weber – und die Soziologen, die ihm folgten, wiederholten ihn –, als er die Religion ausschließlich unter dem Aspekt ihrer institutionalisierten, festen Strukturen untersuchte und dabei die schöpferische Anfangsphase aus dem Blick verlor. Zudem bestand sein Hauptinteresse darin, die verschiedenen religiösen Erfahrungen der Gläubigen in bezug auf ihre soziale Schicht und wirtschaftliche Tätigkeit zu unterscheiden, eine Perspektive, die auch noch nach ihm kennzeichnend für die Soziologie bleiben sollte. Deshalb hat er sich nie wirklich gefragt, was die Menschen empfinden, was sie erfahren, wenn eine *neue* religiöse Bewegung in Erscheinung tritt. Er hat nie herauszufinden versucht, was die Bewegungen in dieser ursprünglichen, schöpferischen Phase ihrer Entstehung durch die Jahrhunderte hindurch miteinander gemein hatten. Andernfalls hätten er und die anderen nach ihm erkannt, daß alle Bewegungen ihren Anhängern in der Anfangsphase hautnah das Gefühl vermitteln, sich von Angst und Sorgen befreien zu können und zugleich Aufrichtigkeit, Güte, Gleichheit, Gerechtigkeit und Brüderlichkeit zu erleben – also eine moralische Welt, deren Fundament die Liebe ist.[8]

Zwischen dem Anfangsstadium einer Bewegung und der Phase, in der sie institutionelle Strukturen ausbildet, besteht ein abgrundtiefer Unterschied. Dieselbe Entfernung liegt zwischen der ursprünglichen Kenntnis Luthers und der Einbildung der Calvinisten, Auserwählte in einer Welt von Verdammten zu sein. Die Bewegung beginnt zunächst als Bruch mit der Tradition: sie reißt die bestehenden sozialen Schranken ein, zerstört Grenzen, Privilegien, Exklusivität, priesterliches Charisma und alle mit Amt und Geburt verbundenen Anmaßungen. Und da es noch keine neue Sekte, keine neue Kirche, keine neue Partei gibt, wendet sich die Bewegung an alle und steht allen offen. Sie lotet aus, was unter Menschen an Solidarität möglich ist, anstatt diese Solidarität eifersüchtig zu verwalten. Erst im weiteren Verlauf wird sie sich Aufnahmeregeln geben, über die beitrittswilligen Personen Erkundigungen einziehen, Verdienste, Rangordnungen und Sanktionen festlegen. Aber in *statu nascendi* wird sie noch für allumfassend erklärt, weil es noch keine Mitglieder und Nicht-Mitglieder, Freunde und Feinde gibt.

Der Gott Luthers, der die Liebe verkörpert, kehrt in allen christlichen Bewegungen als zentrale Erfahrung wieder, wenn auch unterschiedlich ausgeprägt und nicht immer mit derselben Klarheit. Aber niemals hat es eine christliche Bewegung gegeben, in der nicht das Vertrauen auf Erlösung, der Aufruf an alle Menschen guten Willens und eine glühende Bruderliebe im Mittelpunkt gestanden hätten. Im Urchristentum wird das ganz deutlich. Doch wir finden es auch in der Benediktinischen Bewegung und später in der monastischen Reform von Cluny wieder. Im gemeinsamen Gebet der Mönche, in ihrer Religiosität, die sich auf ein Solidaritätsgefühl gründete, das sich, wie Morghen sagt, »über den geschlossenen Bezirk des Klosters hinaus ausbreitete, bis es auch den hintersten Winkel der Laiengesellschaft durchdrungen hatte«.[9]

Der Primat der göttlichen Liebe für den Nächsten und für alle Kreaturen tritt noch deutlicher beim hl. Franziskus hervor. Von Luther haben wir bereits gesprochen. Aber unmittelbar nach Luther treffen wir auf die Gemeinschaften der Wiedertäufer. Sie wollten das einfache, von Liebe erfüllte Leben zur Zeit Jesu wieder verwirklichen. Um die Schlechtigkeit der Welt abzuweisen und ihre innere Neugeburt deutlich zu machen, tauften sie sich noch einmal. Auch die Gemeinschaften der Wiedertäufer standen allen offen. Sie hegten die Hoffnung, ein Reich der Güte, der Brüderlichkeit und der Gleichheit in der Liebe Gottes schaffen zu können.[10]

Später begegnen wir der von George Fox gegründeten Glaubensgemeinschaft der Quäker.[11] Dieser enthusiastischen Bewegung gibt sich Gott durch das »innere Licht« zu erkennen. Der Gläubige steht in einem direkten Kontakt zu seinem Schöpfer, und niemand kann sich zwischen sie drängen. Gott ist der Gott aller und vergibt keine Privilegien. In ihren Versammlungen erlebten die Quäker tiefe Freude und Brüderlichkeit.

Dasselbe geschieht in der anderen großen Religions-

36

bewegung, dem Methodismus. Wesley, der Gründer, war ein selbstloser und unermüdlich tätiger Mann, der sich vor keiner Aufgabe drückte und sich überall aufopferte. Er predigte vor den Bergleuten, organisierte Schulen für die Kinder. Gegen die Prädestination hegte er eine tiefe Abneigung; das führte zwangsläufig zum Bruch mit seinem besten Freund, dem Apostel des amerikanischen Methodismus, Whitefield.[12]

Alle Fortschritte der Zivilisation, jede Weiterentwicklung der menschlichen Gesellschaft fanden in diesem geistigen Klima statt. Und eben hier findet sich der emotionale *Wurzelgrund der allumfassenden Moral*. Denn alle Bewegungen bedeuten einen Sieg des Lebens über erstarrte Formen, einen Bruch mit abgeschotteten egoistischen Gruppen. Das Christentum hat sich in der Welt der Antike ausgebreitet, weil es die Erlösung *aller* verkündigte. Die Solidarität der ersten christlichen Gemeinschaften bildete sich in Verbindung mit der Liebe, die aus dieser Verkündigung und dieser Hoffnung erwachsen war.

Gesellschaftliche Solidarität äußert sich stets als Freude, als Verbrüderung, als Erwartung und Erfahrung eines neuen Lebens. Der *status nascendi* ist dadurch gekennzeichnet, daß Ängste und Sorgen aller Art verschwinden, wie etwa die Angst vor den Herrschern, Unterdrückern und Feinden, vor Dämonen, vor Hunger, Krankheit und Tod. Ja, sogar die Angst vor Gott, weil Gott sein barmherziges, freundliches, wohlwollendes Antlitz zeigt. Alle erfahren daher eine Berührung mit dem Absoluten. Irgendwie fühlen sie sich mit ihm verbunden, von ihm inspiriert. Die Natur hört auf, eine kalte, feindliche Eiswüste zu sein, in der unser Leben keinen Sinn hat. Vielmehr scheint sie von Bedeutung und planvoller Absicht durchdrungen zu sein. Und das erlebt jeder Mensch in seinem Inneren. Im Christentum

fühlt sich der Mensch von Gott und seiner Liebe ange-
rührt. Dank dieser Teilhabe, und sei sie auch noch so
flüchtig, kann er die anderen Menschen aus der Perspektive Gottes betrachten. Wenn Kant sagt, daß der
Mensch sich an die Stelle eines universalen Gesetzgebers versetzen soll, überträgt er eben diese Erfahrung in
den innerweltlichen Bereich der Pflicht. Wenn der Philosoph Sidgwick sagt, der moralische Mensch solle sich
in die »Perspektive des Universums versetzen«[13], so
meint er dasselbe.

Die Aufklärung

Jede Bewegung geht aus ihrer Zeit hervor und ist bestrebt, einen Teil der Vergangenheit zu überwinden
und hinter sich zu lassen: eine Grenze zu durchbre-
chen, eine Mauer zu sprengen und repressive
Einengung aufzuheben. Jede Bewegung widersetzt
sich dem Institutionalisierten, Geheiligten, Erstarrten,
allem, was zur Gewohnheit geworden ist, worüber
man nicht mehr nachdenken muß. Sie führt die Entscheidungsfreiheit ein, gibt dem Denken wieder
Raum. Sie rebelliert gegen die Knechtschaft der festen
Einrichtungen, und seien sie auch durch die heiligste
Tradition geprägt. Sie begehrt auf gegen die Autorität,
gegen das »ipse dixit«. Der Prophet bekräftigt: »Es
steht geschrieben, aber ich sage euch.« Das ist in jeder
Bewegung so, wir haben bereits darüber gesprochen.
Ergänzen müssen wir hier, daß sich im 18. Jahrhundert
eine Strömung gleicher Art bildete, die weite Lebens-
bereiche erfaßte. Dieser gewaltige Prozeß der Erneue-
rung und Befreiung erhielt den Namen »Aufklärung«.
Die Aufklärung stellt eine noch tiefergehende, radika-

lere Revolte dar als die Reformation. Denn sie bezieht nicht nur einige Aspekte der Offenbarungsreligion, sondern die Religion als solche und deren Grundlage, »die Schrift«, mit ein.

Während die Reformation eine Bewegung großer Volksmassen war, ist die Aufklärung eine Bewegung der intellektuellen Elite. Die erstere war religiös, die zweite vor allem kulturell, wissenschaftlich, moralisch motiviert. Und doch beruhen beide letztlich auf der gleichen grundlegenden Erfahrung. Es ist die Erfahrung, daß ein neues Zeitalter anbricht, das Zeitalter der Erkenntnis, der hellsichtigen Vernunft, also des Wissens, der intellektuellen und moralischen Klarheit, das Zeitalter der Güte, der wahren Brüderlichkeit und der wahren Gerechtigkeit. Die Aufklärer dachten, die Menschen würden mit der Verbreitung der neuen Erkenntnisse gerecht und gut werden und sich von den Ängsten, den Schrecknissen und dem Grauen der Vergangenheit befreien können.

Im Namen dieser positiven Zukunft kämpft die Aufklärung gegen alles, was ihr unvernünftig und abergläubisch erscheint. Gegen erworbene Positionen, gegen ererbte Vorteile, gegen die Privilegien, die wenige begünstigen und vielen schaden, gegen Mißbrauch der Macht zum Nachteil der Elenden. Die Aufklärung kämpft gegen die Grausamkeit der Todesstrafe, gegen die abscheulichen mittelalterlichen Gefängnisse, gegen die Folter. Sie entwirft eine Welt von Gleichen und Brüdern. Aber sie weiß, daß das nicht sofort verwirklicht werden kann, daß dieser Plan zunächst nur von einer Minderheit verfolgt wird. Und so schlägt sie vor, daß sich die wenigen Aufgeklärten zu einer Gruppe, einer Sekte, einer Kirche zusammenfinden sollen, um die Lehre und das Wissen zu verbreiten, um die Reform voranzutreiben. Auf diese Weise entsteht die Freimaurerei, welche die geistige Elite Europas und Amerikas vereint.[14] So entwickelt sich die Konzeption der Enzyklopädie: in einem einzigen Werk alle Errungenschaften des menschlichen Geistes auf allen Gebieten zusammenzufassen, um allen Menschen den größtmöglichen Fortschritt zu gewähren.

Jede Bewegung entzweit und vereint. Die Reformation hatte mit der mittelalterlichen Tradition gebrochen, um sich dem hl. Paulus und dem Alten Testament anzuschließen. Die Aufklärung bricht mit der Welt des Dogmas und der religiösen Intoleranz, um auf die humanitären Wurzeln des Christentums und der vorchristlichen Zeit zurückzugehen. Sie verbindet sich mit dem Pietismus und dem Quietismus, von dem sie »vor allem die Idee einer Moral aufnimmt, die in sich selbst die eigene *raison d'être* findet, ohne Höllen und Paradiese«.[15]

Auch die Aufklärung ist eine Demonstration von Vertrauen, Freude, Hoffnung, Optimismus und dem Willen, das Leben zum Besseren umzugestalten. Auch die Aufklärung hat eine »enthusiastische« Komponente, durch die sich »die mystische Bewegung zu einem Reich jenseits von Gut und Böse in tausend Utopien und Träumen des 18. Jahrhunderts fortsetzen wird«.[16]

Das wirklich Neue der Aufklärung gegenüber den vorangegangenen religiösen Bewegungen besteht einerseits im Vertrauen auf den Menschen, seine Intelligenz und Vernunft, und andererseits in dem Bestreben, die Hoffnungen in vernünftige Programme, Entwürfe einer gesellschaftlichen Reform, in ein kohärentes System von Zielen und Mitteln umzusetzen. Also in konkrete erzieherische, politische, ökonomische, wissenschaftliche und technische Projekte. Die Aufklärung ist von einer tiefen altruistischen Leidenschaft und einem hohen moralischen Anspruch durchdrungen. Und zugleich lebt ein starker Glaube an die Vernunft in ihr. Es ist »Leidenschaft und Vernunft«, wie es Diderot, einer der Väter der Enzyklopädie, ausdrückt.

Drittes Kapitel

Die Moral der Nützlichkeit

Der Utilitarismus

Im Zuge des großen aufklärerischen Impetus tritt eine Moralphilosophie, eine moralische Denkweise, in Erscheinung, die in den folgenden Jahrhunderten außerordentlichen Einfluß gewinnen soll: der *Utilitarismus*. In Italien sowie in den anderen romanischen Ländern wird dieser Begriff gänzlich mißverstanden. Er legt dort eine Philosophie nahe, der zufolge jeder hauptsächlich um seinen eigenen Vorteil besorgt sein soll, eine Art ins Allgemeine gewendete Apologie des Egoismus. Nichts wäre falscher und abwegiger als diese Deutung. Das Wort »Utilitarismus« kommt von »nützlich«, doch nicht bezogen auf das Ich, sondern auf die anderen. Wie wir auf den vorangegangenen Seiten ausführlich dargelegt haben, geht all das auf das Gebot »Liebe deinen Nächsten wie dich selbst« zurück. Und diese religiöse Tradition bildet den Hintergrund der utilitaristischen Betrachtungsweise. Ja, der Utilitarismus ist vielleicht der konsequenteste, unerbittlichste und ehrlichste philosophische Versuch, diese Vorstellung in ein System vernünftiger Regeln zu übersetzen.

Der Utilitarismus entwickelt sich in England, hat aber auch auf dem Kontinent seine Wurzeln und ist das Ergebnis eines langen Kulturprozesses, der die Idee der *Glückseligkeit* in den Mittelpunkt von Moral und Politik rückt. Was wollen die Menschen? fragten sich die Philosophen. Und sie antworteten: Sie wollen glücklich sein. Auch der religiöse Mensch will das. Dieses Glück bedeutet für ihn Seligkeit, und er wird es im Paradies und in der Vision von Gott suchen. Aber diese Art von Glück läßt sich nicht durch konkretes gesellschaftliches Handeln, durch Reformen vermitteln. Doch es gibt auf der Welt viel Unglück und Leid, das durch Menschenwerk, durch planmäßiges, auf die Verbesserung der gesellschaftlichen Verhältnisse und des Lebens gerichtetes Tun erleichtert und beseitigt werden kann. Das Glück, von dem die *philosophes* sprechen, ist, um es noch einmal zu wiederholen, nicht das persönliche Glück, das egoistische Glück, sondern das Glück aller, und folglich sind seine Wurzeln Altruismus und Großmut. Helvétius in Frankreich und Cesare Beccaria in Italien[1] formulieren den berühmten Grundsatz, dem zufolge es die Aufgabe einer guten Regierung ist, das Glück einer möglichst großen Zahl von Menschen zu gewährleisten – ein revolutionärer Grundsatz, der die Herrscher zu einer fortwährenden Reformtätigkeit im Dienste der Humanität verpflichtete. Man darf wohl behaupten, daß diese Idee vom höchsten Glück für eine größtmögliche Anzahl Individuen zur zentralen Idee der öffentlichen Ethik der Moderne geworden ist und wir sie uns heute so zu eigen gemacht haben, daß sie uns ganz natürlich erscheint.

Diese Vorstellung entwickelt sich jedoch vor allem in England, und zwar durch das Wirken von Jeremy Bentham, und nimmt den Namen *Utilitarismus* an. Wie wir schon gesagt haben, ist der Nutzen, um den es im Utilitarismus geht, nicht der des einzelnen, sondern der aller anderen: der größtmögliche Nutzen für die größtmögliche Anzahl von Menschen und, letzten Endes, für jedermann.

Bentham ist alles andere als ein Akademiker, ein Universitätsprofessor. Er ist Reformer. Es gibt ein bekanntes Buch von Halévy, *La formation du radicalisme*

philosophique[2], in dem die Geschichte dieser dem gesellschaftlichen und politischen Wirken verpflichteten
geistigen Neuerer rekonstruiert wird. Ein klassisches
Beispiel dafür ist James Mill, der Vater des berühmte-
ren John Stuart Mill; er gab Zeitschriften heraus, erör-
terte volkswirtschaftliche Fragen und unterbreitete
Vorschläge für institutionelle Reformen. Aber der
eigentliche Initiator war Bentham.[3] Berühmt geworden
ist Benthams Vorschlag des *panopticon*, d. h. einer Alternative zur herkömmlichen Organisation der Gefängnisse.

Die Utilitaristen sind Intellektuelle, überzeugt davon, die Prinzipien der Vernunft auf die Institutionen
des individuellen und des kollektiven Lebens anwenden
zu können. Ihr Vorschlag, ihre Idee, ist die Gesell-
schaftsreform. Wenn die Tradition der Gesellschaftsre-
form einen Ursprung hat, so läßt sich dieser mit der
Ausbildung des utilitaristischen Credos in einen direkten Zusammenhang bringen.

Worin besteht dieses Credo? Das bedeutendste Werk
Benthams, *An Introduction to the Principles of Morals
and Legislation*, beginnt mit einer berühmt gewordenen
Feststellung: Die Menschen sind Diener zweier Herren,
der Lust und des Leids. Sie streben nach jener und
suchen dieses zu vermeiden. Im wesentlichen entwirft
Bentham eine normative Ethik, d. h. ein System von
Regeln, das unser individuelles und kollektives Verhalten steuern soll – ausgehend von dem einfachen Faktum,
daß jeder von uns seine Ziele, Wünsche, Ideale und Vorlieben lieber befriedigt als enttäuscht sieht. Unter moralischem Aspekt ist es schlecht, die anderen in ihren
Vorlieben zu enttäuschen, während es gut ist, ihre Vorlieben, ihre Bedürfnisse zu befriedigen. Das Problem
besteht jedoch nicht nur darin, die Bedürfnisse der anderen zu befriedigen, sondern dies auf eine vernünftige Art

44

und Weise zu tun. Hierzu verweist Bentham den Leser energisch auf das berühmte *Nützlichkeitsprinzip*. Es besagt folgendes: als Individuum verfügt jeder von uns über ein mehr oder weniger kohärentes System von Zwecken, und sein Nutzen oder sein Glück hängt davon ab, inwieweit er diese Zwecke erreicht.

Stellen wir uns nun ein isoliertes Individuum vor, stellen wir uns vor, wie es wäre, wenn sich einer von uns auf einer einsamen Insel befände. Was macht ein solches Individuum, wenn es vernünftig ist? Es maximiert die Lust gegenüber dem Schmerz, d. h. die Summe der Befriedigungen gegenüber der der Enttäuschungen. Gehen wir vom isolierten Individuum zur Gesellschaft über, so ist, nach Bentham, die Gesellschaft nichts anderes als die Summe der Individuen, aus denen sie sich zusammensetzt. Wenn das Problem nicht mehr im individuellen Vorteil besteht, sondern die Dimension der Gemeinschaft annimmt, so wird man als erstes die Wünsche oder Bestrebungen, die Bedürfnisse oder Vorlieben aller Individuen, die die Gesellschaft bilden, erschließen, identifizieren und definieren müssen. Man wird jeden Wunsch, jedes Bedürfnis, jedes Interesse unparteiisch überdenken, d. h. ernst nehmen müssen. Jedes Interesse (oder Begehren) hat für eine bestimmte Person und nur für diese Gültigkeit. Doch es wiegt um so schwerer, je intensiver es ist. Im Zusammenhang mit dem kollektiven Nutzen zählt außerdem jedes Interesse, unabhängig von seiner moralischen oder ästhetischen Qualität und unabhängig davon, wer es äußert. Das Interesse des Metzgers ist dem Interesse des Professors, das des Tagelöhners dem des Grundbesitzers gleichwertig.

Diesen Aspekt sollte man hervorheben. Mit dem genannten Prinzip legt der Utilitarismus den Grundstein zum Bau einer modernen Demokratie. Die Feststellung, daß alle Interessen gleichwertig sind, unabhängig davon, worum es sich handelt und unabhängig davon, von wem sie stammen, besitzt eine unglaubliche Kraft, eine außergewöhnliche, allumfassende Macht. Da sie den Begriff »jeder« vollkommen ernst nimmt. Mit ihm entstehen die post-aristokratischen Gesellschaften.

Unter utilitaristischem Gesichtspunkt zählen nur die Begierden, Wünsche und Ziele der Lebewesen, die über ein Empfindungsvermögen verfügen. Und alle zählen gleich. Es kann vielleicht für den Leser interessant sein, wenn wir daran erinnern, daß der Utilitarist Bentham unsere moralische Verantwortung keineswegs auf einen »specismo«, d. h. auf einen Chauvinismus im Bereich des Menschlichen begrenzte. Ebenso wie gegenüber den Menschen haben wir auch gegenüber den Tieren, die mit uns leben, eine moralische Verantwortung. Gewiß, sie stellen keine vernünftigen Erwägungen an, sie sprechen nicht. Dennoch leiden sie und können wahrnehmen, ob ihre Wünsche erfüllt werden oder unbefriedigt bleiben; sie empfinden Schmerz und Lust. Und sollen wir sie etwa nur deshalb nicht achten, weil sie einen Schwanz haben? Benthams Gedanke liegt der gesamten Diskussion über die Rechte der Tiere zugrunde, die in den angelsächsischen Ländern bis heute eine Vielzahl von Zeitschriften, Studien, Untersuchungen und eine Charta der Tierrechte hervorgebracht hat.

Das Gebot »Liebe deinen Nächsten wie dich selbst« läßt sich unter der Perspektive Benthams folgendermaßen übersetzen, sozusagen laisieren: Du gehst von dem Faktum aus, daß du für dich selbst Partei ergreifst (übrigens, wenn keiner von uns für sich selbst Partei ergriffe, wer sollte es dann tun?), also nimmst du die Tatsache ernst, daß du Interessen, persönliche Interessen, hast. Sobald du jedoch das Prinzip des Vorteils nicht nur auf dich, sondern auf alle, mit denen du lebst, anwendest (und das könnten zwei oder zehn oder eine Million Menschen sein), dann mußt du dich ebenso um ihre Interessen kümmern und sie abwägen, wie du das mit deinen eigenen tust.

Den anderen ernst nehmen, so behauptet Bentham, bedeutet nicht, daß der andere eine besondere Würde oder besondere Rechte hätte, wie Kant sagt. Im Gegenteil, in seinem Kommentar zu der Menschen- und Bürgerrechtserklärung bezeichnete Bentham diese verächtlich als schwülstigen Unsinn und gestelzte Dummheit. Von Bedeutung für unsere moralische Verantwortung sind nicht etwaige einzelne Rechte der anderen, die wir ihnen irgendwie, ohne zu wissen, warum, zubilligen müssen, und auch nicht, daß sie eine besondere Würde als Person haben. Auch Hunde und Katzen sind Objekte der Moral. Das, was uns moralisch verantwortlich macht, ist die einfache Tatsache, daß wir gehalten sind, gegenüber den Interessen irgendeines anderen einen neutralen und unparteiischen Standpunkt einzunehmen.

Ökonomie und Moral

Bentham will jedoch nicht nur der Forderung »Liebe deinen Nächsten wie dich selbst« entsprechen, sondern auch ein Prinzip finden, nach dem unsere Liebe zu anderen wie zu uns selbst rational definiert werden kann. Wie macht man das? Von zentraler Bedeutung ist der Grundsatz von der *Steigerung des kollektiven Nutzens*. Nachdem zunächst sämtliche Interessen, die Interessen von jedermann, unparteiisch ermittelt worden sind, geht es darum, sie zusammenzufassen, die Summe daraus zu ziehen und die Mittel so zu verteilen, daß die meisten den größtmöglichen Vorteil daraus ziehen. Die moralische (rationale) Pflicht gebietet deshalb, den Nutzen aller Individuen – bezogen auf die jeweilige Bevölkerung – so groß wie möglich zu machen. Die Größe der Bevölkerung kann natürlich variieren. Wir können uns ebenso auf eine kleine Gemeinde wie auf die Gesellschaft eines Nationalstaats, ja sogar auf die Weltbevölkerung beziehen. Das Prinzip der Steigerung des Nutzens beruht auf der Vorstellung, daß der Kern einer öffentlichen Ethik in der Steigerung irgendeiner kollektiven Größe besteht, egal ob das der Gesamtnutzen, der durchschnittliche Nutzen oder auch der mutmaßliche durchschnittliche Nutzen sein wird.[4] Utilitaristisches Handeln im Rahmen der Ethik basiert auf der folgenden elementaren, aber tiefgreifenden Idee: Moralisch sein bedeutet, sich dafür einzusetzen, daß die Habenseite des Nutzens für möglichst viele Bewohner unseres Planeten den höchsten Stand erreicht.

Bentham hat sich intensiv darum bemüht, sein Programm praktikabel zu machen. Seine ganze Aufmerksamkeit galt der Erarbeitung der besten empirisch anwendbaren Methode, um die Bedürfnisse oder Interessen der Menschen zu erfassen, zu durchdenken und gegeneinander abzuwägen. Dieser Punkt ist von größter Bedeutung, denn die Gesamtstruktur des Utilitarismus wird ausschließlich von den Wünschen, Absichten oder Bedürfnissen der Menschen gebildet. Aber auch die Ideale der Menschen gehören dazu.[5] Der Utilitarismus sollte nicht engherzig oder in einem eingeschränkten Sinne interpretiert werden, wie es oft geschieht.

Der Utilitarismus geht von dem aus, was die Menschen tatsächlich wollen und wünschen. Daher das Bemühen um eine dem Gegenstand angemessene, mit empirischer Sorgfalt durchgeführte Bestandsaufnahme, ein Bemühen, das auch Überlegungen zur Maß- und Rechnungseinheit miteinschließt. Das hat Bentham vor große theoretische Probleme gestellt. Er wollte bei der Erfassung und Abwägung der Bedürfnisse genau, detailliert, analytisch, ja mit fast fanatischem Eifer vorgehen. Er suchte nach einer Waage, mit der er die Intensität unserer Bedürfnisse messen könnte. Dieses Problem durchzieht die gesamte Geschichte des Utilitarismus und entfaltet sich vor allem in der Beziehung von Utilitarismus und ökonomischer Theorie. Das Verhältnis zwischen Moral und Wirtschaft bildet ein wichtiges Kapitel der öffentlichen Ethik in den modernen Gesellschaften. Daraus erklärt sich die zentrale Stellung, die der Utilitarismus auf diesem Gebiet einnimmt.

Unter dem Gesichtspunkt einer vernunftgemäßen Moral verbindet sich dieses leidenschaftliche empirische Bemühen um die Bedürfnisse und Wünsche der Individuen mit der Anerkennung des Grundsatzes, daß nur das Individuum selbst über die eigenen Interessen urteilen und bestimmen soll. Dieser Grundsatz wurde viel und äußerst kontrovers diskutiert. Er stellt jedoch ein Element dar, das in einer Theorie der Ethik, vor dem Hintergrund demokratischer Zielvorstellungen, berücksichtigt werden muß. Wer sagt, was gut für mich ist? Ein deutlicher Unterschied besteht zwischen Bentham und den Vertretern der traditionellen Theorie, für die es ein objektives Gut gibt, das von jedem, außer dem Subjekt selbst, entdeckt werden kann. Etwas ist gut, weil es die Partei, weil es der Gewerkschafter, weil es der Papst, weil es der Führer gesagt hat. Nach Bentham hingegen kann nichts ein Gut für mich sein, wenn ich es nicht selbst erstrebe. Diese Souveränität dessen, der die eigenen Interessen definiert, ist ein zentraler Punkt des ethischen Individualismus. Jeder von uns definiert seine Interessen eigenständig, ist autonom und muß autonom sein. Folglich müssen wir im moralischen Diskurs die Interessen aller ebenso ernst nehmen wie die, die sie uns dartun.

Es könnte nun jemand einwenden, die Minderheit werde übergangen, wenn es um das Glück der Mehrheit geht. Der Utilitarist wird antworten, daß man den Nutzen, d. h. das Glück, verschwenden würde, wollte man sich nur um die Befriedigung der Minderheit kümmern. Der Grundgedanke des Utilitarismus besteht darin, daß die Gesellschaften verpflichtet sind, das potentielle Glück nicht zu vergeuden, sondern es so groß wie möglich zu machen. Dies verbindet die Entwicklung einer öffentlichen Ethik bzw. einer Deontologie, wie Bentham sie nannte, mit der Entwicklung einer ökonomischen Theorie. Übrigens war der Vater der klassischen Nationalökonomie, Adam Smith, ein ebenso bedeutender Wirtschaftstheoretiker wie Moralphilosoph. Seine Untersuchung über den Ursprung und die Ursachen des Reichtums der Völker[6] setzt seine Theorie des ethischen Gefühls voraus.[7]

Wie aber verhalten sich utilitaristisches Denken und ökonomische Theorie zueinander? In welchem Verhältnis stehen allgemeiner Nutzen und Markt? Die klassische Ökonomie hat entdeckt, daß *der Markt* den individuellen Nutzen mit dem allgemeinen Nutzen verbindet und ermöglicht, daß am Ende der größte allgemeine Nutzen erreicht wird. Das geschieht, wenn der Markt effizient ist. Möglicherweise aber ist der Markt weniger oder überhaupt nicht effizient und bringt deshalb Unglück hervor. In diesem Fall ist das Eingreifen des Gesetzgebers gerechtfertigt. Wo die unsichtbare Hand versagt, ist das Eingreifen der sichtbaren Hand von der Vernunft her gerechtfertigt. Wenn also der Markt die Interessen nicht auf natürliche Weise bestimmen und befriedigen kann, so muß statt seiner eine künstliche Instanz diese Bestimmung vornehmen. Der Markt kann gewisse Dinge erreichen, andere aber nicht. Vom Gesichtspunkt der Vernunftmoral aus werden wir deshalb fähig sein, den Markt zu korrigieren, um den kollektiven Nutzen zu steigern, d. h. um das Glück nicht zu vergeuden und zu einer menschlichen Gesellschaft mit weniger Elend und Leid und mehr Lebensfreude zu gelangen.

Diese Ideen und Konzeptionen liegen der langen theoretischen Auseinandersetzung zugrunde, aus der später die Intervention des Staates in das Marktgeschehen hervorgeht.

Aus dem Bemühen der Utilitaristen, das ganz auf die Steigerung des Glücks konzentriert ist, ergibt sich notwendigerweise die Minimierung des Unglücks: die Gesellschaft darf Glück nicht vergeuden, also weder Elend noch Unglück hervorbringen. In der dramatischen Geburtsstunde der industriellen Revolution produzierte die Gesellschaft Reichtum, der nur wenigen gehörte, und bewirkte so eine Verelendung breiter Bevölkerungsschichten. In dieser historischen Epoche war der Utilitarist ein Reformer. Sein Ziel bestand darin, die Institutionen neu zu gestalten, um das von der Gesellschaft erzeugte Elend auf ein Minimum zu reduzieren und das Glück der Allgemeinheit zu mehren.

Die Definition der grundlegenden Prinzipien des Fiskalwesens, der Besteuerung und die Idee der gerechten Verteilung gehen auf eine utilitaristische Sichtweise zurück. Denken wir nur an die Anwendung des Prinzips des *abnehmenden Marginalnutzens*, wie es in der Sprache der Ökonomie heißt. Für einen Millionär zählen tausend Lire sehr viel weniger als für einen armen Schlucker, der sich davon ein halbes Kilo Brot kaufen kann. Deshalb wächst der Gesamtnutzen, wenn man Geld von den Reichen auf die Armen überträgt. In der utilitaristischen Tradition wurden viele Vorschläge zu Formen der gerechten Verteilung erarbeitet. Hier soll daran erinnert werden, daß das Programm der utilitaristischen Reformer in oligarchisch regierten Gesellschaften Gestalt annahm, in denen sich der Reichtum in wenigen Händen befand, während die Mehrheit in bitterer Armut lebte.

Der Utilitarismus war der kohärenteste Versuch, das Gebot »Liebe deinen Nächsten wie dich selbst« in die Sprache der Vernunft zu übersetzen; der nachdrücklichste Versuch, den Altruismus rational zu definieren – und er bleibt eines der grundlegenden Modelle für den Aufbau des modernen Wohlfahrtsstaates.

Viertes Kapitel
Die Moral der Pflicht

Der kategorische Imperativ

Der Utilitarismus bildet die eine große Wurzel der Vernunftmoral. Die andere geht auf den deutschen Philosophen Kant zurück. Zeitgleich mit dem Utilitarismus, in der zweiten Hälfte des 18. Jahrhunderts, stellt sich Kant mit außerordentlicher Konsequenz und Unerbittlichkeit dem Problem der Grundlegung einer Moral auf den Prinzipien der Vernunft. Der Einfachheit halber können wir seinen Versuch mit dem Benthams vergleichen. Bentham gründet die Idee der Ethik auf eine Vernünftigkeit, die auf unsere Bedürfnisse und unsere Zwecke angewandt wird. Es ist eine Ethik des Begehrens. Kants Ethik hingegen ist eine Ethik der reinen Vernunft. Kant ist von der Möglichkeit überzeugt, moralische Prinzipien zu finden, die unser gegenseitiges zwischenmenschliches Verhalten gemäß der reinen Vernunft leiten. Neigungen, Triebe, Ideale, Wünsche, Zwecke, Vorlieben – all die Bausteine des Utilitarismus müssen ausgeschlossen werden, damit man sagen kann, daß jemand wie ich und du der moralischen Pflicht entsprechend handelt. Moralisch ist eine Handlung nur dann, wenn wir sie aufgrund eines Prinzips, einer Regel rechtfertigen können, aufgrund eines allumfassenden Imperativs, der für alle absolut gültig ist, ohne daß dies zu einem Widerspruch führt.

Nehmen wir ganz einfache Beispiele. Ich kann beschließen, mein Versprechen nicht zu halten, und sogar Vorteil daraus ziehen, wenn ich andere betrüge. Ich kann jedoch auf gar keinen Fall behaupten, daß diese meine Handlung moralisch zu billigen sei. Denn wenn ich sie verallgemeinere, d. h. wenn ich mir eine Welt vorstelle, in der niemand – weder ich noch die anderen – seine Versprechen hält, dann bricht alles zusammen. Auch ich weiß dann nicht mehr, wie ich in einer solchen Welt leben sollte. Es ist ein Widerspruch, sich eine Welt vorzustellen, in der niemand seine Versprechen hält, weil dann sogar der Begriff »Versprechen« selbst sich in Luft auflösen würde. Ein zweites Beispiel: Es gibt Menschen, die den Selbstmord für moralisch halten. Aber, bemerkt Kant, wenn diese Maxime verallgemeinert würde, wenn alle sie befolgten, würden sich alle umbringen und die ganze Welt ginge zugrunde. Wenn wir uns moralisch verhalten wollen, dürfen wir nur nach Regeln handeln, die die Probe auf ihre Verallgemeinerbarkeit bestehen.

Die Probe der Verallgemeinerbarkeit steht tatsächlich in einem Zusammenhang mit dem Denken Jeremy Benthams. Um verallgemeinern zu können, muß ich alle Menschen und das, was sie tun, gleich behandeln. Ich muß eine gewisse Form von Gleichheit unter ihnen voraussetzen. Außerdem muß ich mich in die Lage der anderen versetzen. Wie Bentham behauptete, müßten wir uns in die Lage der anderen versetzen, um ihre Bedürfnisse und Wünsche feststellen zu können. Kant vertritt die Auffassung, wir müßten uns nur deshalb in die Lage der anderen versetzen, damit wir erkennen können, worin unsere Pflichten ihnen gegenüber bestehen, und von daher, worin ihre Pflichten uns gegenüber bestehen.

Dies ist die berühmte Lehre des sogenannten *Kategorischen Imperativs*. Der kategorische Imperativ ist ein Befehl, eine Vorschrift: »Du mußt das tun«. Er unterscheidet sich von seinem Bruder, dem *Hypothetischen*

Imperativ. Auch der hypothetische Imperativ ist ein Befehl, eine Vorschrift, deren Gültigkeit jedoch von ihrem Verhältnis zum jeweiligen Ziel abhängt. Er zeigt uns die Mittel, mit denen ein Ziel zu erreichen ist. Wenn ich die Spaghetti al dente haben will, muß ich sie sieben Minuten kochen lassen. Die Anweisung gilt nur, wenn ich sie al dente wünsche. Wenn sie sehr weich sein sollen, werde ich sie viel länger, womöglich zwölf Minuten, kochen lassen. Bentham zufolge sind alle moralischen Imperative hypothetisch. Weil das vorgegebene Ziel in der Steigerung des Nutzens besteht, sind alle seine Imperative Regeln, um einen gewissen Nutzen zu erzielen.

Bei genauerer Überlegung erkennt man auch bei Bentham einen Imperativ, der sich den genannten Regeln entzieht. Er gebietet uns, moralisch zu sein, den allgemeinen Nutzen zu maximieren. Wenn ich mich bereichern will, wenn ich nur meinen eigenen Vorteil verfolge, werde ich diesen Imperativ außer acht lassen. Warum sollte ich es auch nicht tun? Bentham beantwortet diese Frage nicht. Kant versucht, eine Antwort zu geben.

Um das zu bewerkstelligen, begibt er sich auf die Suche nach Imperativen, die Gültigkeit besitzen, unabhängig von den zufälligen und partikulären Zielsetzungen, die vielleicht jeder von uns verfolgt. Was auch immer dein Ziel sein mag, worin auch immer deine Wünsche und deine Neigungen bestehen mögen, auch wenn es oft sogar gegen diese gerichtet ist – wenn du moralisch handeln willst, bist du verpflichtet, dein Tun an dem kategorischen Imperativ zu orientieren, d. h. nach einer Maxime zu handeln, die du selbst zu einer allgemeinen Norm erhoben sehen möchtest, einer Norm, die alle ohne Ausnahme (also auch du) befolgen müssen[1], einer Norm, der man sich nicht verweigern kann, aus welchem Grund auch immer.

Kant hat versucht, eine tiefe, aus dem Menschsein selbst stammende Erfahrung philosophisch zu erklären: die Erfahrung der Pflicht. Wir alle führen Handlungen aus, um dadurch die verschiedensten Zwecke zu erfüllen – edle Zwecke, nützliche Zwecke – und um einem innerem Antrieb zu genügen. Aber jeder von uns hat in seinem Leben auch die Erfahrung gemacht, daß er etwas tun muß, weil es einfach seine *Pflicht* ist. Da er tief und unabweisbar in sich die Notwendigkeit empfunden hat, aus reinem Pflichtbewußtsein zu handeln. Diese emotionale und intellektuelle Erfahrung ist für Kant die Wurzel der Moral. Die Vernunft selbst, die allen Menschen gemeinsame Vernunft, gebietet uns, aus Pflichtgründen zu handeln. Kant schreibt: »Die praktische Notwendigkeit, nach diesem Prinzip zu handeln, d. h. die Pflicht, beruht gar nicht auf Gefühlen, Antrieben und Neigungen, sondern bloß auf dem Verhältnisse vernünftiger Wesen zueinander...«[2]

Die Menschen sind nach Kant vernunftbegabte Wesen. Jeder von ihnen ist, abgesehen von seinen individuellen Eigenschaften, mit allen anderen vollkommen identisch, weil er mit ihnen die Vernunftfähigkeit gemein hat. Die Vernunft ist das, was allen Menschen eigen ist, und eben das, was sie einander gleich macht. Durch die Vernunft denken und argumentieren sie auf gleiche Weise, gelangen sie zu denselben Schlüssen. Wenn sie sich zusammentun, um Probleme zu erörtern, kommen sie zu demselben Ergebnis. Und die Tatsache, daß einer weiß oder schwarz, Mann oder Frau, reich oder arm ist, hat nichts zu bedeuten. Das Ergebnis wird dasselbe sein, vorausgesetzt, er gebraucht seine Vernunft.

Die Menschen sind deshalb verpflichtet, die anderen als vernünftige Wesen zu behandeln. Ein vernünftiges Wesen setzt sich Ziele, es bestimmt sich selbst, es entscheidet, wie es sein will. Es ist *ein Wesen, das sich selbst wählt*. Ein Gegenstand wählt nicht, wie er sein will, und kann deshalb nur als Mittel benutzt werden. Auch ein Tier kann nicht über seine Existenz entscheiden, zumindest nicht wie ein Mensch. Es ist ein Gebot der Vernunft, daß in den Beziehungen zwischen vernünftigen Wesen, d. h. solchen, die sich eigene Ziele setzen und sich selbst bestimmen, das Wesentliche, ihre Wahlfreiheit, respektiert wird. Daraus ergibt sich die zweite Fassung von Kants moralischem Imperativ: »Behandle die anderen nicht bloß als Mittel, sondern immer auch als Zwecke.«[3] Behandle sie folglich so, wie sie sich selbst behandeln.

Der Konsens zwischen vernünftigen Wesen

Wir haben gesehen, daß sich die Moral bei Bentham im wesentlichen mit dem Wohlergehen der Menschen, mit der Befriedigung ihrer Bedürfnisse, mit ihrem Glück und ihrem Leid beschäftigt. Die Moral entspringt einer altruistischen Neigung, die vernünftig verwaltet wird, damit es mehr Freude und weniger Leid, Mühe und Elend gebe. Kant fügt dem einen sehr wertvollen Gesichtspunkt hinzu. Er sagt, daß eine Vernunftmoral auf Prinzipien gründet, die alle vernünftigen Wesen billigen können.[4] Tief im Menschen ist das Bedürfnis verwurzelt, eine vernünftige Bestätigung von seiten der anderen zu finden. Wir wollen nach Prinzipien handeln, die die anderen gutheißen. Wir wollen, daß die Gründe, die wir anführen, um den moralischen Wert oder die Richtigkeit unseres Verhaltens zu rechtfertigen, von anderen, von jedem anderen, anerkannt werden. Deshalb können wir, alle miteinander, gemeinsame moralische Kriterien erarbeiten. Die Moral ergibt sich dann aus dem Konsens zwischen vernünftigen Wesen.

Kant hat dieser vernunftgeleiteten Übereinkunft zwischen den Menschen, dieser Form des moralischen Lebens der Menschen einen Namen gegeben: *das Reich der Zwecke*.[5] Das ist eine Welt, in der jedes Wesen seine Würde und eben deshalb keinen Preis hat. Wenn sich jeder Mensch wie ein allgemeiner Gesetzgeber verhält, der seine Ansicht mit den Ansichten aller anderen auf vernünftige Art und Weise vergleichen muß, entsteht daraus ein Universum von Normen, ein System von Rechten und Pflichten, errichtet auf dem Grundsatz des freien Willens eines jeden. Die Prinzipien, die von vernünftigen, moralischen Menschen gewählt werden, die sich nur von der Pflicht leiten lassen und frei sind von emotionaler und egoistischer Befleckung, werden Prinzipien der Gerechtigkeit und Gleichheit sein.

Der Kantische Schwerpunkt liegt auf dem zentralen Begriff des Individuums als einer moralischen Person. Wir haben bereits bei Bentham die wichtige, die grundlegende Rolle des Individuums kennengelernt, das als alleinbestimmende Instanz in bezug auf das eigene Wohl verstanden wird: das Individuum und niemand sonst. Bei Kant begegnen wir dieser zentralen Rolle des Individuums wieder, diesmal definiert als emanzipiertes Wesen, das fähig ist, über sich selbst zu entscheiden und sich selbst Ziele zu setzen. Es erscheint uns wichtig, diese Übereinstimmung der beiden Theorien in der Auffassung des Individuums als eines Wesens von eigenem Wert zu betonen. Dabei handelt es sich um ein unverzichtbares Element, das in unserer Tradition verankert und noch heute, an der Schwelle zu einem neuen Jahrhundert, für die Entwicklung einer vernunftgeleiteten Moral von Gültigkeit ist.

Fünftes Kapitel

Altruismus und Vernunft

Warum sollen wir moralisch handeln?

Handle nach der Maxime, die du zur allgemeinen Norm erhoben sehen möchtest. Handle so, daß daraus der höchste allgemeine Nutzen erwächst.

Aber aus welchem Grund soll ich so handeln? Weil ich jedesmal an eine Maxime denken soll, die für alle gelten müßte und der ich mich zu beugen habe? Ich kann es ja angemessen finden, daß alle altruistisch, großmütig und ehrlich sind. Aber warum soll ich mich dem gleichen Gesetz unterwerfen? Mir ist es angenehmer, von dem moralisch guten Verhalten der anderen zu profitieren. Also bin ich für eine Moral, die für alle anderen, aber nicht für mich gilt. Und warum, aus welchem Grund, aus welchem Prinzip, welchem Motiv sollte ich meinen egoistischen Standpunkt aufgeben?

Kant vermittelt uns eine Moralvorstellung, die alle einschließt. Aber warum soll ich moralisch und nicht lieber amoralisch sein, wenn es mir gelegen kommt? Warum muß ich eine derartige Anstrengung auf mich nehmen, wenn es mir nicht paßt, wenn mir daraus kein Vorteil erwächst, wenn für mich keine Notwendigkeit dazu besteht?

Angenommen, ich stelle mir eine allgemeine Norm vor und befürworte theoretisch, daß sie für alle, also auch für mich richtig ist, warum muß ich mich dann auch an diese Norm halten? Sicher wäre es gut, wenn niemand lügen würde. Aber die Welt gehorcht eben anderen Gesetzen, und ich hätte zu viele Nachteile davon.

Übrigens wird es beim konkreten Inhalt der Maxime auch auf die Art der Gesellschaft ankommen, in der ich lebe. Eine Gesellschaft von Kriegern wird Mut, Ehre und schnelle Kampfbereitschaft zur allgemeinen Norm erheben, sowie einen ritterlichen Tugend-Kodex, nach dem man sich gegenseitig das Messer in den Leib rennen, die Alten töten soll, etc. Wenn Liebenswürdigkeit und Hilfe für die Schwachen in die Moral Eingang finden, so deshalb, weil es schon vorher eine christliche Moral der Liebe gab. Oder auch weil sich von Zeit zu Zeit in der Geschichte kollektive Erfahrungen von Großmut und Solidarität herausbilden. Dadurch werden die Menschen dazu gebracht, aus innerem Antrieb, und nicht aus Vernunftgründen, ihre Mitmenschen zu lieben, sie Brüder zu nennen und sich ihrer anzunehmen.

Der Utilitarismus suchte sich auf die Beweisführung zu stützen, daß zumindest auf lange Sicht und aller Wahrscheinlichkeit nach auch jemand wie ich aus einem moralischen Verhalten Vorteile zieht. Aber es liegt auf der Hand, daß eine solche Begründung, mag sie auch einen Philosophen befriedigen, nicht ausreicht, um die Menschen zu moralischem Handeln zu drängen. Und sicher entspringt sie nicht der wirklichen Erfahrung mit der Moral. Die Menschen, die sich moralisch verhalten, tun das nicht aufgrund einer Überlegung dieser Art, sondern weil sie es für richtig halten, weil sie leidenschaftlich daran glauben, weil sie es aus Selbstlosigkeit, aus Liebe oder Pflichtgefühl tun. Wenn dem so ist, muß es einen unabhängigen moralischen *Impuls* geben. Eine Neigung zu moralischem Verhalten, die mich dazu veranlaßt, Altruismus statt Egoismus zu wählen, das Wohl der anderen statt mein eigenes zu suchen.

Dies ist ein überaus wichtiger Punkt. Seit dem Zeitalter Kants und Benthams hat man immer nach einem

Weg gesucht, moralisches Verhalten aus dem vernünftigen Denken, aus der Vernunft abzuleiten. In philosophischen Begriffen ausgedrückt heißt das: die äußeren Gründe, die von der Theorie geliefert werden, in innere Gründe umzusetzen, die unser Verhalten bewirken.[1] Wie wir gesehen haben, ist die vernunftgeleitete Moral historisch aus dem altruistischen Impuls der Religion hervorgegangen. Sie wurde in Gang gesetzt durch die intuitive Erfahrung der göttlichen Liebe als Agape und durch die Identifikation des Menschen mit dieser Liebe. Solange dieser Impuls vorhanden war, und sei es auch in säkularisierter Form, gab es das Problem der moralischen Motivation nicht, weil der Impuls als sicher vorausgesetzt werden konnte, ja, weil man nicht einmal erkannte, daß sich das Problem eines Tages stellen würde.

Wir müssen uns deshalb damit abfinden, daß das System, das auf dem altruistischen *Impuls* und jenes, das auf der Vernunft basiert, voneinander getrennt sind, daß jedes eine eigene Logik hat und keines auf das andere zurückzuführen ist. Sie existieren jedoch gleichzeitig nebeneinander und ergänzen sich. Sie weisen Übereinstimmungen auf und sind beide unverzichtbar. Ohne den Altruismus gibt es keine Moral und ebensowenig ohne die Vernunft. Altruismus, für sich allein genommen, ist nicht moralisch, ebensowenig wie die reine Vernunft allein moralisch ist. Die moralische Reflexion muß sich aus dieser doppelten Natur speisen. Sie ist aus zwei verschiedenen Blickwinkeln zu betrachten.

Liebe und Pflicht

Um diese Doppelnatur, diese Unabhängigkeit von Altruismus und Vernunft und zugleich ihre Parallelität und Komplementarität konkret zu erfassen, müssen wir uns der Frage nach dem Verhältnis zwischen Pflicht und Liebe zuwenden.

Wir können uns nicht verpflichten, jemanden zu lieben. Wir können uns nicht zwingen, Empfindungen zu haben, und uns deshalb kein Gebot wie das der Liebe auferlegen. Unsere Vernunft jedoch vermag die Pflicht als notwendig zu begreifen. Wenn die Spontaneität der Liebesregung fehlt, so ist doch die Moral immer noch möglich, weil es die Pflicht gibt. Die Pflicht tritt sozusagen an die Stelle des Vakuums, das die Liebe zurückgelassen hat. Wenn ich meinen Nächsten schon nicht lieben kann, so werde ich mir doch gleichwohl abverlangen können, ihm Gutes zu tun, zu seinen Gunsten zu handeln, ihm gegenüber unvoreingenommen zu sein. Was Kant hier eingeführt hat, ist eine grundlegende Änderung der Perspektive. Da ich nicht auf die Liebe zählen kann, die eine spontane Empfindung ist, werde ich freiwillig ihr Äquivalent nehmen, etwas, das dieselben praktischen Konsequenzen hat. Die Moral gebietet uns, so zu handeln, als ob wir liebten. Die Pflicht ist ein *als ob* der Liebe. In Ermangelung des Gefühls kann die Vernunft dessen altruistische Absicht übernehmen und sie ebenso verwirklichen. Die Absicht bleibt auch dann gut, wenn sie nicht mehr von der Liebe genährt wird.

Die moralische Handlung wird so von der Bindung an ein Objekt befreit. Sie kann auf eine soziale Organisation, auf die Behörden, auf den Staat übertragen werden. Ein Subjekt, das liebt, das begehrt, ist nicht mehr vonnöten. Es genügt die altruistische Absicht und dann ein zielstrebiges Vorgehen, das sie realisiert.

Die vernunftgeleitete Moral hat die Liebe durch die Pflicht ersetzt. Man kann uns unmöglich befehlen, jemanden zu lieben. Wir selbst jedoch können die Bedürfnisse und Wünsche anderer, das, was ihnen nützlich ist, zu unserer Aufgabe machen und ihnen damit Gutes tun. Um für die anderen Gutes zu tun, bedarf es keiner Liebe. Das Wissen und der Wille dazu genügen. Das ist die Grundlage der gesamten modernen Berufsmoral. Selbständige, Angestellte und Beamte müssen nicht lieben, sie müssen herauszufinden suchen, was die Menschen brauchen, und diese Bedürfnisse befriedigen.

Auf diese Weise sind die Wissenschaftlichkeit und die Überparteilichkeit des Berufs auf das moralische Verhalten übertragen worden. Dieser hat von der Moral seinen Zweck erhalten, d. h. für die anderen Gutes zu tun. Die Moral hat somit auf das Funktionieren der Behörden und der öffentlichen Verwaltung ebenso wie des Marktes einen starken Einfluß ausgeübt.

Das Verdienst der Pflichtmoral war immens. Die Gesellschaft ist besser geworden, nicht weil sich die Menschen Gefühlsregungen überlassen haben, sondern weil sie gerechte, unparteiische Organisationen geschaffen haben. Der Angestellte hinter dem Schalter braucht seinen Kunden nicht zu lieben. Er muß dessen Bedürfnisse befriedigen. Alle modernen Konsumgüter, alle öffentlichen Dienstleistungen sind aus dem vernunftgeleiteten Nachdenken über die Bedürfnisse der anderen hervorgegangen, und zwar so, daß die Vorschrift in einen Stellenplan, in eine Dienstordnung, in eine unpersönliche Regelung eingehen kann. Am Ende dieses Objektivierungsprozesses steht der Roboter. Er entspricht den Anforderungen aller, ist stets dienstbereit, unermüdlich, unendlich geduldig, unparteiisch und gerecht.

Aber wir müssen uns nun fragen: Hat sich denn dadurch nichts geändert, daß das Gebot der Liebe durch das der Pflicht, der reine Altruismus durch die reine Vernunft ersetzt wurde? Die Pflicht verfolgt, wie wir gesehen haben, dasselbe Ziel wie die Liebe. Sie wäre sogar mit der Liebe identisch, wenn es da nicht auch noch die rein emotionale Empfindung gäbe. Die Pflicht bezweckt das Wohlergehen des anderen, aber da sie nicht von labilen Gefühlszuständen abhängig ist, will sie es kontinuierlich und gleichmäßig. Sie macht keine Ausnahmen und vergibt keine Privilegien.

Und dennoch muß es einen Unterschied geben. Die Moral der Liebe ist eine Moral der Freude, die der Pflicht eine Moral der Anstrengung. In der Moral der Liebe wird die gute Tat mit offenem Herzen, freudig begangen. In der Moral der Pflicht hingegen ist eine Handlung nur gut, wenn sie mühevoll, aus reiner Willenskraft ausgeführt wird. Die Freude, das Vergnügen fügen ihr nicht nur nichts hinzu, sondern mindern sie sogar. Im Kern schreibt die Pflichtmoral vor, daß wir gegen unsere Natur, gegen unsere Spontaneität handeln und uns kraft unseres Willens zu etwas zwingen, was wir vielleicht ohnehin zu tun bereit wären.

Aber ist das die ursprüngliche Bedeutung der göttlichen Agape, der moralischen Handlung als Teilhabe an der Liebe Gottes für seine Geschöpfe? Die Nächstenliebe der Agape bedeutet, daß man sich der frohen Botschaft öffnet, daß man sich von der Liebe Gottes durchdringen, erfüllen und bewegen läßt. Es ist ein Teilhaben an seiner Liebe und seiner höchsten Freiheit. Um sich zum Instrument der göttlichen Agape zu machen, muß der Christ alle großmütigen Herzensregungen zulassen, also mit den Leidenden leiden und sich mit den Fröhlichen freuen. Lieben heißt nicht nur, den anderen Gutes tun, es heißt auch: leiden, wenn sie Schmerz empfinden, und sich freuen, wenn sie sich freuen. Der gute Mensch, der Mensch, der in Christus lebt, ist kein Wesen, das sich dauernd verpflichtet, etwas zu tun, was ihm nicht gefällt, und seiner Natur Gewalt antut, so als ob diese noch von der Erbsünde gequält würde. Er ist vielmehr jemand, der seiner von der Gnade verwandelten Natur Ausdruck verleiht. Luther verläßt sich nicht auf die Pflicht, das Gesetz, sondern auf die Liebe. »So macht es auch die Liebe, die keine Gebote kennt, und sie tut alles nur aus sich selbst heraus, sie beeilt sich und sie zögert nicht, ihr genügt ein Hinweis, und sie braucht keinen Anreiz, der sie anstachelt, und sie erträgt einen solchen auch nicht. Ach, es gäbe so viel darüber zu sagen! Das Leben des Christen sollte sich frei in der Liebe ausdrücken, sich selbst und das eigene Gut vergessen, an nichts anderes als an den Nächsten denken und um ihn besorgt sein.«[2]

Übrigens ist die pflichtgemäße Wohltätigkeit, an der Gefühle oder gar Liebe keinen Anteil haben, auch im Hinblick auf ihr Ergebnis etwas völlig anderes. Die Handlung, die aus der Liebe entspringt, ist nicht mit jener identisch, die aus einer Pflicht hervorgeht, die man sich selbst auferlegt. Der Kellner, der hinter der Theke steht, ist freundlich, höflich, tut genau das, was ich will; aber wenn sich alle so wie dieser Kellner benähmen, würde ich verrückt werden, ich würde mich schrecklich allein fühlen. Gerade weil er es aus Pflicht tut, tut er es nicht für mich.

Der Mensch braucht das Gefühl, geliebt zu werden. Er möchte sich als Person, als einmaliges und unverwechselbares Subjekt, als etwas Einzigartiges, das einen Wert besitzt, geschätzt fühlen. Jeder will um seiner selbst willen geliebt werden, d. h. gerade weil er dieser bestimmte Mensch ist.

Das Bedürfnis nach Liebe ist ein grundlegendes, wesentliches Bedürfnis. Wenn wir das Wort »Nutzen« gebrauchen wollen, müßten wir sagen, die Liebe habe den größten Nutzen. Und doch hat die Moral nach der Kantischen Definition nichts mit diesem Bedürfnis zu tun. Das ist sicherlich ein schwerwiegender Mangel. Es verhielte sich anders, wenn die Moral nicht den Vorsatz hätte, die Bedürfnisse der anderen zu befriedigen, wenn sie sich nicht um ihr Glück kümmern würde. Aber eine Moral, die sich dem Glück der anderen zuwendet und nicht der Tatsache Rechnung trägt, daß deren Glück im wesentlichen von der Liebe abhängt, ist eine recht seltsame Moral. Sie gibt alles, nur nicht das, was eigentlich wichtig ist.

Der Mensch sehnt sich nach Liebe, will aber von niemandem aus Pflichtgefühl geliebt werden. Eine Liebe, die ihm jemand als Pflichterfüllung, mit zusammengebissenen Zähnen, gegen sein eigentliches Gefühl entgegenbringt, lehnt er ab. Er will eine spontane, freiwillige Liebe. Kant hat recht, wenn er sagt, daß die Moral die Liebe nicht erzwingen darf. Wenn Pflicht und Selbstüberwindung einer Handlung den moralischen Wert verleihen, so sollte diese Moral aber um Gottes willen nicht Liebe fordern. Eine Moral der Liebe kann dem Menschen nur von der Liebe selbst eingegeben werden, sie kann keine Liebe befehlen.

Da das Glück der Menschen von der Liebe abhängt, ist die Moral auf die Liebe angewiesen, auch wenn sie sie nicht befehlen kann. *Die Liebe hat deshalb im Verhältnis zur Pflicht den gleichen Stellenwert wie die Gnade in der protestantischen Theologie. Die Gnade ist für eine gute Handlung absolut unerläßlich.* Die Agape Gottes macht in der Tat jede unserer wirklich guten Handlungen aus. Außerhalb der Liebe kann es keine gute Tat geben. »Und das können wir tun, spricht er, weil wir unter der Gnade und nicht unter dem Gesetz sind ... die Gnade macht uns aber das Gesetz lieblich, so ist denn keine Sünde mehr da und das Gesetz nicht wider uns, sondern eins mit uns ... Dasselbe aber ist die rechte Freiheit von der Sünde und vom Gesetze ... eine Freiheit, nur Gutes zu tun mit Lust und wohl leben ohne Zwang des Gesetzes.«[3] Aber wir haben keine Macht über die *Gnade*. Wir können sie nicht wollen. Wir können sie nicht einmal verdienen. Sie ist einzig und allein ein göttliches Geschenk. Wir können sie ersehnen, erwarten, in uns aufnehmen, anerkennen und Gott danken, sonst nichts.

Liebe und Vernunft

Die Vernunft kann keine Liebe erzeugen, sie setzt sie voraus. Sie kann auch keine Solidarität hervorbringen, diese setzt sie ebenfalls voraus. Genau wie die Wirtschaft, genau wie die Politik. Wirtschaft setzt Solidarität voraus.[4] Auch die Politik setzt Solidarität voraus. Die soziale Gemeinschaft bildet sich nicht durch einen Vertrag. Es gibt keinen Gesellschaftsvertrag à la Hobbes oder Rousseau. Solidarität wird aus der Gewohnheit, aus der Liebe, aus der Leidenschaft geboren. Sie entsteht aus Gesinnung und Emotion wie Brüderlichkeit, Begeisterung, Hingabe. Sie stellt sich dar als Vaterlandsliebe, als Glaube an eine Partei, als Kampf für eine Sache oder eine Idee. Aus dieser flüssigen, glühenden Materie, aus diesem emotionalen Magma geht der Vertrag hervor, die Organisation, die Partei, der Staat.

Der Vertrag setzt diese Solidarität in Verpflichtungen, in Normen um. Er fungiert als Vermächtnis der Solidarität, indem er sich zu ihrem Hüter und rationalen Vollzugsorgan macht.

Im Bereich der Moral verhält es sich ebenso. Solidarität, Brüderlichkeit, Liebe sind gegeben. Sie regenerieren sich laufend, sie erzeugen sich fortwährend in der Gesellschaft. Nicht die Vernunft bringt sie hervor, aber die Vernunft übernimmt sie. Die Vernunft kann nicht veranlassen, daß man sich verliebt. Sie kann weder Mutterliebe noch Freundesliebe erzeugen. Aber sie kann sie als wertvolle Güter betrachten, die man anerkennen, aufnehmen, pflegen, schützen, zur Entfaltung bringen soll. Sie kann ihr Hüter und Wächter werden, sie deuten und in kontinuierliches, kluges, zielgerechtes vernünftiges Handeln überführen. Aus dem Zusammentreffen von Liebe und Vernunft entspringt die Moral.

Die Moral hat eine Doppelnatur. Um ihr Wesen erfassen zu können, müssen wir sie aus zwei verschiedenen Blickwinkeln betrachten. Wir sind ausgegangen von Luthers Verständnis der Liebe als Agape und zu den Begriffen Pflicht und Vernunft bei Bentham und Kant gelangt. Die Grenzen der reinen Vernunft sind uns bewußt geworden. An dieser Stelle müssen wir noch einmal betonen, daß Liebe und Altruismus als solche nicht moralisch sind. Die Mutter, die ihr Kind inbrünstig liebt, der Verliebte, der in seine Geliebte vernarrt ist, sind deswegen noch keine moralischen Wesen. Moral entsteht erst, wenn die Vernunft in Erscheinung tritt. *Kommt die Vernunft mit dem Altruismus in Berührung, verwandelt sie diesen, ändert sie seine Natur und macht ihn moralisch.* Wenn ein Vater drei Kinder hat, sich aber im wesentlichen nur um eines kümmert, weil es ihn mit besonderer Hingabe liebt, weil es kleiner ist oder weil es ihn rührt, so verhält er sich dadurch, daß er sich nur von dem Impuls der Liebe leiten läßt, keineswegs moralisch. Dieser Vater ist ungerecht. Nur durch die Vernunft kommt er zur Moral, denn sie veranlaßt ihn, auch über die Bedürfnisse der anderen Kinder nachzudenken, darüber, daß sie alle die gleiche Würde und die gleichen Rechte haben. Und doch wäre kein moralisches Verhalten möglich, wenn der Vater die Kinder nicht liebte, wenn er sie gar haßte.

Jeder von uns weiß aus Erfahrung, daß er bei kritischer Prüfung seiner gefühlsbestimmten Entscheidungen seine geistige Verfassung wirklich ändert. Der einfache, konkrete Versuch, unparteiisch, objektiv zu sein, verändert unsere Sicht der Dinge, modifiziert sogar unsere emotionale Sensibilität, die Qualität unserer Liebe. Die Gewohnheit ethischen Denkens verändert unseren Charakter, steigert seine sittliche Qualität. Wir kommen deshalb zu folgendem Schluß:

Es stimmt, die Vernunft ohne Altruismus ist leer, aber es stimmt auch, daß der Altruismus ohne die Vernunft blind ist. Altruismus und Vernunft, beide gemeinsam, bringen etwas ganz anderes hervor: die Moral. Diese wird bisweilen auf den Altruismus verzichten, indem sie so handelt *als ob*. Aber sie muß von Zeit zu Zeit zu ihm zurückkehren, sie muß ihre emotionalen Wurzeln finden, wenn sie nicht von ihrem Weg abkommen will.

Sechstes Kapitel

Jenseits der Moral

Der Marxismus

Sowohl im Utilitarismus als auch im Kantianismus, den beiden großen Ursprüngen der modernen Vernunftethik, steht der Begriff des Individuums als moralischer Person im Mittelpunkt. Das ist Bestandteil der Aufklärungsprogrammatik. Kants Motto »*sapere aude*« (wage zu wissen) richtet sich an jeden, der einen Kopf zum Denken hat. Und Kant sagte auch, er habe von Rousseau gelernt, in jedem Bauern oder Handwerker, dem er begegnete, die Menschheit zu achten, die dieser in sich trug. Die Auffassung des Individuums ist natürlich untrennbar verbunden mit der Rolle der Vernunft in der Ethik. Wie in einer zyklischen oder wellenförmigen Bewegung bringt dieser Begriff des Individuums einen Prozeß zum Abschluß, der in der politischen und moralischen Theorie des 17. Jahrhunderts seinen Ursprung hat, sich im 18. Jahrhundert entfaltet und seinen Höhepunkt am Ende eben dieses Jahrhunderts erreicht. Dann tritt eine andere Welle zutage, ausgelöst von den großen Philosophien, von den großen Weltanschauungen, die sich dann in der Mitte des folgenden Jahrhunderts durchsetzen und ein Loblied auf das Kollektiv anstimmen. Der Verherrlichung des Kollektivs entspricht die Diskreditierung des Individuums, und der Nachdruck wird auf das Gesellschaftliche gelegt.[1]

Hegel, der vielleicht einflußreichste Philosoph des vergangenen Jahrhunderts auf dem europäischen Kontinent, unterzieht den Utilitarismus, den er als plumpen

Eudaimonismus der englischen Krämer bezeichnet, einer systematischen Kritik. Noch leidenschaftlicher setzt er sich in Deutschland mit dem großen Entwurf Kants auseinander. Hegels Kritik richtet sich gegen die Abstraktheit beziehungsweise den unergiebigen Formalismus der Kantischen Ethik. Die Kantische Ethik, so sagt er, ist eine leere Schachtel. Wir könnten das Wesen der Ethik nicht begreifen, wollten wir uns die Welt als eine bloße Ansammlung von Individuen vorstellen, die wie Atome voneinander isoliert sind. Solche Individuen gebe es nicht. In der Zeit, in der Geschichte existierten nur die großen kollektiven Einheiten. Wir könnten zwar über individuelle Moral sprechen, aber um zu einer Ethik zu gelangen, müßten wir bei den *Sitten*, d. h. den Gebräuchen ansetzen. Denn in den Sitten hätten sich die großen kulturgeschichtlichen Prozesse sedimentiert. Hegel preist den Pflug, weil der Pflug, weil die Werkzeuge bleiben, weil sie eine Geschichte haben und fortbestehen. Es ist eine Lobrede auf die Kontinuität, auf die Tradition und den Weltgeist.

Aus der Hegelschen Perspektive scheint das Problem der individuellen Moral irgendwie von untergeordneter Bedeutung zu sein, gleichsam eingefügt in ein Freskogemälde, das dem langsamen, mühseligen und dunklen Gang des Weltgeists, der Ursprünge, kollektive Identitäten und Zugehörigkeiten schafft, den größten Raum gibt. Dies können Völker, Städte, Nationen oder auch, wie Marx später behaupten wird, die Klassen sein. Aber das ist letztlich unwichtig. Marx war ein überaus treuer Schüler Hegels und hat von diesem die wichtige Lektion gelernt, nach der es absurd ist, sich einzelne Individuen vorzustellen. Der einzelne Mensch bedeutet nichts, wenn er nicht irgendwo dazugehört, wenn er abgetrennt ist von seinen Wurzeln in der Gemeinschaft, losgelöst von der Nation, der Kaste, der Klasse. Daher rührt die Marxsche Vorstellung, daß die Geschichte identisch sei mit dem Kampf der in materieller und sozialer Verelendung lebenden Klassen und folglich eine kollektive Bewegung, einen gemeinsamen Weg darstelle, auf dem nicht die Individuen, sondern die Klassen die Einheiten bilden. Denn die Individuen sind ausschließlich durch ihre Klassenzugehörigkeit bestimmt. Die Individuen glauben zu wählen. Marx versteht Moral als *Ideologie*, d. h. als falsches Bewußtsein. Danach ist Moral einfach eine Rationalisierung der Umstände, die den Interessen der jeweils herrschenden Klassen dienen. Deshalb soll die Moral entmystifiziert werden.

Mit Marx beginnt der lange Weg der Diskreditierung der Moral im 19. Jahrhundert, die durch Nietzsches Umwertung der Werte, Durkheims Moraltheorie und Freuds Entlarvung verschiedene Akzente erhält. Den Ausgangspunkt bildet stets die Auflösung des Individuums in Phänomenen von größerer Dimension, wie z. B.: die Entdeckung des Kontinents Geschichte, die Entstehung der kollektiven Dimension, der Gesellschaft als Faktum und nicht als beliebiges Konstrukt, schließlich die Entdeckung des biologischen Triebes. In den beiden vorangegangenen Jahrhunderten wurde die Gesellschaft als etwas Gestaltetes, als ein Werk des menschlichen Willens und der menschlichen Intelligenz verstanden, so von Hobbes, Locke, Bentham und Kant. Dann taucht plötzlich das bis dahin verborgen gebliebene Antlitz der Gesellschaft auf, es zeigen sich die historischen, irrationalen, gleichsam natürlichen Kräfte des Sozialen. In der zweiten Hälfte des 19. Jahrhunderts beherrscht die Vorstellung von der *Naturgeschichte der Gesellschaft* das Denken. Marx äußert sich hierzu ganz unmißverständlich. Es komme darauf an, die Bewegungsgesetze der Gesellschaft zu erkennen. Diese aber hätten zur Voraussetzung, daß die Individuen mit ihren persönlichen Zielsetzungen nicht die Handelnden sind, sondern daß sie von Ursachen geleitet und motiviert werden, die sich hinter ihnen befinden.

Betrachtet man das Individuum und die Gesellschaft auf diese Weise, so verlieren die grundlegenden Begriffe der Ethik, wie Entscheidungsfreiheit und vor allem Selbstbestimmung, jede Bedeutung. Wenn ich nicht selbst über mich entscheiden kann, sondern von der gesellschaftlichen Klasse, der ich angehöre, bestimmt werde, so handle ich, wenn ich Entscheidungen treffe, in Wirklichkeit, ohne es zu wissen, nur zugunsten meiner Klasse. Der Bourgeois, der altruistisch handelt, z. B. ein Waisenhaus oder eine Bibliothek oder auch Ferienkolonien für die Kinder seiner Arbeitnehmer bauen läßt, glaubt uneigennützig zu handeln. In Wirklichkeit – sagt Marx – dient alles, was er tut, auch wenn er sich dessen nicht bewußt ist, nur den Interessen seiner Klasse. Denn er hindert z. B. die Arbeiter daran, Lohnforderungen zu stellen, und schwächt ihr Klassenbewußtsein. Auch der Proletarier hält seine unmittelbaren Interessen für seine wahren Interessen. Aber er irrt. Auch er ist dazu verdammt, die Dinge aufgrund seiner Klassenzugehörigkeit einseitig zu sehen. Wenn er sich darauf beschränkt, Lohnerhöhungen, Verbesserung der Arbeitsbedingungen oder Reformen zu fordern, nützt er daher letzten Endes, auch wenn er es nicht weiß, der Bourgeoisie; er unterwirft sich der Logik der Ökonomie und perpetuiert und stärkt dadurch die Macht und die Ausbeutung.

Folglich verlassen die Marxsche Theorie und die nachfolgenden marxistischen Lehrmeinungen, so unterschiedlich sie auch sein mögen, den Bereich einer auf der Vernunft basierenden Ethik, wie wir sie besprochen haben. Sie reduzieren die Rolle der moralischen Vernunft in unseren Entscheidungen, unserem Verhalten und unseren Urteilen auf Null.

Trotzdem beziehen sie sich durchaus auf bestimmte Werte wie Gleichheit, Gerechtigkeit, Solidarität, Altruismus, Mut, Großzügigkeit, Brüderlichkeit. Doch anstatt sie vom Individuum ausgehen und von ihm beurteilen zu lassen, begreifen sie diese Werte als vollkommen abhängig von der Richtung des geschichtlichen Verlaufs. Der Sinn der Geschichte ist unabhängig von der Tatsache, daß es Individuen gibt, die sich auf ihn beziehen. Die Individuen können sich in den natürlichen und unvermeidlichen Gang der Geschichte einfügen oder sich auch dagegen auflehnen. Das Ziel des fortschrittlichen Individuums besteht nicht darin, die Geschichte zu beurteilen, sondern nur dem bereits vorbestimmten Gang zu folgen und ihn zu erleichtern.

Hier drängt sich natürlich eine Frage auf: Wenn die Geschichte eine Richtung hat, wer kennt dann diese Richtung? Was Marx betrifft, so gibt es da keine Schwierigkeit. Er selbst weiß, welchen Verlauf die Geschichte nimmt. Er kennt ihn aufgrund der wissenschaftlichen Theorie des historischen Materialismus.[2] Aber nimmt man die Massen, die Millionen von Menschen, die unterdrückten Klassen und Völker, wer von ihnen kann wohl sagen, worin der »objektive« Gang der Geschichte besteht, wer kann sagen, was konkret zu tun ist? Hier nun kommt die Rolle der Partei zur Geltung. Eine politische Avantgarde, die das Monopol der historischen Wahrheit besitzt. Nur die Partei in ihrer Gesamtheit weiß die Interessen der Klasse und somit der ganzen Gesellschaft richtig und unfehlbar zu deuten.

So tritt an der Wende vom 19. zum 20. Jahrhundert die Partei die Erbschaft jenes Gemeinschaftsbegriffs an, der von der Philosophie des 18. Jahrhunderts als beherrschende Größe entdeckt worden war. Das einzelne

Individuum ist nicht mehr in der Lage, Werturteile abzugeben, nur die Partei und letztlich der Führer oder die obersten Führer sind dazu imstande. In diesem Denkbereich entwickelt sich der Stalinismus. Als Bucharin, einer der bedeutendsten Revolutionsführer und enger Freund Lenins, dem er stets die Treue gehalten hat, für eine Schuld angeklagt und verurteilt wird, die er nicht begangen hat, verteidigt er sich nicht. Er nimmt die infamen und ungerechten Anschuldigungen an, weil er der Partei und der Sache der Revolution nicht schaden will und weil er im Grunde glaubt, als Individuum nicht bestimmen zu können, was richtig und falsch ist. Denn die einzige Instanz, die zwischen Gut und Böse zu unterscheiden vermag, ist nunmehr die Partei. Auch wenn er subjektiv weiß, daß alle Anklagen falsch sind, auch wenn er weiß, daß sie zum politischen Vorteil Stalins erhoben wurden, fühlt sich Bucharin als Individuum nicht berechtigt, sich dem Lauf der Geschichte entgegenzustellen, da dieser bereits festgelegt ist und dennoch die Partei die einzige Instanz ist, die diesem Verlauf die Richtung weisen kann.

Uns ist durchaus bewußt, daß der Marxismus eine große Bewegung war. Und wir haben mehrfach darauf hingewiesen, daß die Bewegungen stets die gleichen Grundwerte wiederentdecken, Werte, die von der Solidarität und der altruistischen Moral inspiriert sind. Wie die Reformation und die Aufklärung stellte auch der Marxismus einen großen Befreiungs- und Emanzipationsschub dar. Durch die von der industriellen Revolution ausgelöste ökonomische Entwicklung waren neue Verbesserungsmöglichkeiten entstanden und hatten sich tiefe Ungerechtigkeiten herausgebildet. In dieser Situation hat der Marxismus den kollektiven Hoffnungen von Millionen Männern und Frauen eine Stimme gegeben. Er hat die Demoralisierung zahlloser Menschen, die unterdrückt und verroht waren und von einer für sie unbegreiflichen sozialen Umwandlung fortgerissen wurden, zum Ausdruck gebracht. Er hat dem Protest gegen Ungerechtigkeit, Hunger, Leid und Elend eine Stimme gegeben. Und zugleich rief er Solidarität und Brüderlichkeit hervor, motivierte die Menschen, einander die Hand zu reichen, gemeinsam zu handeln und für eine moralisch bessere Zukunft zu arbeiten. Als Bewegung hat er die Beschränkung und Zwänge der bestehenden Welt zerstört, die Grenzen des Machbaren erweitert. Unter dem Einfluß des Marxismus ist deutlich geworden, daß man die Arbeitszeit verkürzen, den Lohn erhöhen und das Leben der Arbeiter verbessern kann. Also hat er Solidarität und Hoffnung bewirkt.

Aber wie wir gesehen haben, reicht Solidarität nicht aus, um eine Moral zu begründen. Dazu ist Vernunft vonnöten, die Vereinigung von Altruismus und Vernunft, und es muß sich alles auf das Individuum beziehen. Es hat im Marxismus mithin Solidarität und Altruismus gegeben, aber eine marxistische Moral gab es nicht. Im Gegenteil: die marxistische Theorie brachte das Individuum und seine Vernunft um die Rolle, die ihm die Aufklärung erobert hatte. In der marxistischen Theorie ist kein Platz für Moral. Diese theoretische Grenze hat auch im Praxisbereich zu jenem Sieg des Kollektivs geführt, dessen letzter dramatischer Akt der Stalinismus gewesen ist.

Die Moral des Ressentiments

Bei diesem kurzen Ausflug in ein Gebiet, das außerhalb der Tradition der Vernunftmoral liegt, begegnen wir zwei anderen großen Denkern: Friedrich Nietzsche und

Sigmund Freud. Wie wir gesehen haben, hatte Marx gezeigt, daß auch der uneigennützigste moralische Impuls in Wirklichkeit kollektiven Interessen entspringt, also kein wahrer Altruismus, sondern ein maskierter Egoismus ist. Nietzsches Moralkritik reicht historisch weiter zurück.[3] Als wir dem Gedankengang des schwedischen Theologen Nygren folgten, erkannten wir, daß sich der griechische Liebesbegriff und der christlich-paulinische grundlegend voneinander unterscheiden. Für die Griechen richtet sich die Liebe, der Eros, auf das, was wertvoll ist, also auf das Schöne, Edle, was der Liebe würdig ist. Vom Gesichtspunkt der Griechen aus betrachtet, hat es überhaupt keinen Sinn, etwas Häßliches, Verwerfliches oder Schlechtes zu lieben. Diese Vorstellung geht auf das christliche Verständnis der Liebe als Agape zurück. Der christliche Gott liebt den Armen, den Leidenden, er liebt den Sünder, er liebt den, der in den Augen der Menschen keine Liebe verdient.

Mit eben dieser christlichen Liebesauffassung geht Nietzsche hart ins Gericht und spricht der griechischen Vorstellung vom Eros wieder einen Wert zu, wie es keiner in den vorausgegangenen 2000 Jahren zu tun gewagt hatte. Die Griechen, sagt er, liebten die Starken, die Schönen, die Edlen, die Tapferen, die Sieger, die Krieger. Und sie verachteten die Furchtsamen, die Feigen, die Ängstlichen, die Armen, die Elenden, die Häßlichen. Dem Christentum war es, nach Nietzsche, vorbehalten, diese wahren Werte in ihr Gegenteil zu verkehren. Dies sei ihm gelungen, indem es auf den Neid der Menschen, auf das *Ressentiment* gesetzt habe. Die Armen, die Elenden, die Häßlichen, die Versager, die Unglücklichen hassen die Schönen, die Starken, die Glücklichen. Sie hassen sie mit ohnmächtiger Wut, weil sie sie, wenn sie schon nicht wie sie sein können, gerne zerstört, zugrunde gerichtet sehen möchten. Dies ist in der Tat typisch für den Neid (den Nietzsche »Ressentiment« nennt): gerade das zerstören zu wollen, was man am meisten bewundert – ich will es zerstören, weil ich es selbst nicht haben, nicht erreichen kann.

Das auf dem Neid beruhende Ressentiment der Elenden und Versager hätte jedoch keine weiteren Folgen gehabt, wenn nicht der Priester auf dem Schauplatz der Geschichte erschienen wäre. Er findet einen Grund, eine Rechtfertigung, eine Ideologie für das neidvolle Ressentiment. Er redet den Elenden und den Unglücklichen ein, daß die wahre Tugend nicht in der Schönheit, der Stärke, der Tapferkeit und dem Sieg bestehe, sondern daß im Gegenteil alle diese Eigenschaften sündig, lasterhaft und schändlich seien. Daß nur der Mensch wirklich tugendhaft sei, der arm, krank, schwach, leidend ist. Nur dieser sei würdig und werde von Gott geliebt. Der Priester erklärt all das, was den Griechen als tugendhaft galt, zu Sünden, die die schlimmsten Höllenqualen verdienen. Dagegen würden alle Schwächen, Feigheiten und alles Elend mit den Freuden des Paradieses belohnt.

Letztlich stimmt Nietzsche ein Loblied auf den Erfolg, die Stärke, den Sieg, die Schönheit, die Überlegenheit an. Und er tut es ebensosehr gegen das Christentum, das die Armen im Geiste und die Elenden gepriesen hatte, wie gegen den Sozialismus, der sich an alle Armen und Unterdrückten dieser Erde wendet.

Nietzsches Denken übte im 20. Jahrhundert auch eine starke ideologische Wirkung aus, seine Philosophie diente Ideologien als Rechtfertigung, die sich an Minderheiten, an die Eliten und privilegierten Klassen wandten und die politischen Gruppierungen mit religiöser oder sozialistischer Tendenz bekämpften. Also dem italienischen Faschismus und dem deutschen Nationalsozialismus. Verstehen wir uns recht: Nietzsche war weder Faschist noch Nationalsozialist, und man kann ihn auf keinen Fall als Vorläufer dieser finsteren politischen Systeme betrachten. Sein Ziel war die Entlarvung der Heuchelei, die sich gewiß hinter einem Großteil der traditionellen Moral und Religion verbirgt. Er wollte den Neid und das Ressentiment, die die Menschenrechtsforderungen und die bombastischen Parolen des Sozialismus beleben, offenlegen.

Die Armen des Christentums, sagt er, sind oft nur Neider. Mit dem düsteren Haß des Neides hassen sie die Reichen und die Glücklichen. Sie würden gern wie diese sein. Doch haben sie nicht den Mut, das zu sagen. Also behaupten sie heuchlerisch, daß die Armut eine Tugend und der Reichtum ein Vergehen sei. Wie die Arbeiter, die ihre Brotherren hassen, aber gern an deren Stelle wären. Kaum ergreifen sie von deren Reichtümern Besitz, so erweisen sie sich als noch geiziger und hartherziger als diese. Doch verbergen sie ihren finsteren Neid dadurch, daß sie über Menschenrechte und soziale Ungerechtigkeiten reden. Sie behaupten, die Kapitalisten seien Neider, Bösewichter und Hungerleider. Sie behaupten, sie selbst würden altruistisch, großmütig und gut sein, wenn sie an die Macht kämen. Das sind nach Nietzsche Lügen, Tarnungen des neidischen Ressentiments – die institutionalisierte Heuchelei.

Nietzsches Erfolg beruht auf der Tatsache, daß das Ressentiment und der Neid wirklich starke gesellschaftliche Kräfte sind. Doch wenn man seine Philosophie mit allen Konsequenzen akzeptiert, entfällt jede Möglichkeit einer Moral. Was sollen wir tun? Die Reichen, die Mächtigen, die Sieger bewundern, was immer sie auch tun mögen? Die Schwachen, die Leidenden, diejenigen, die bedürftig sind, verachten? Sollen wir den Starken helfen, die Schwachen zu unterdrücken? Den Reichen helfen, reicher zu werden? So handeln, daß die

Armen noch ärmer werden? Das scheint absurd, und doch führt Nietzsches Philosophie, angewandt auf die Moral, eben zu diesen Konsequenzen.

Die Psychoanalyse

Die dritte große Persönlichkeit, die das moderne Denken, außerhalb der Tradition der Vernunftmoral, beherrscht hat, ist Freud, der Begründer der Psychoanalyse. Für Freud ist das Schuldgefühl, das unter dem Gesichtspunkt der Moral eine grundlegende Erfahrung darstellt, nicht nur nichts Positives, sondern geradezu die Hauptursache der Neurosen. Die Psychoanalyse versteht sich weitgehend als Kampf gegen das Schuldgefühl, als eine Methode, sich von zwanghaften und pathologischen Schuldgefühlen zu befreien.

Nach Freud wird das psychische Erleben von Trieben bestimmt, die, läßt man ihnen freien Lauf, nach ihrer Befriedigung, nach dem unmittelbaren Lustgefühl streben. Der Mensch, der Hunger hat, würde, wenn er seinem Trieb folgte, beim Anblick einer Grillstube die Fensterscheibe einschlagen, nach dem Brathähnchen greifen und es verschlingen. Oder wenn er sexuell erregt ist, würde er sich auf die Person stürzen, die ihn anzieht, und sie vergewaltigen. Wenn er es nicht tut, so nur deshalb, weil er seinen Trieben Zügel anlegt, und zwar zunächst einmal mittels der Vernunft. Das *Ich*, der bewußte und vernünftige Teil der Psyche, schätzt die katastrophalen Folgen ab, die ein impulsives Verhalten der beschriebenen Art hätte, und erkennt, daß man die Befriedigung der eigenen Begierden besser zurückstellt und Mittel findet, die bei den anderen keine aggressiven Reaktionen hervorrufen. Vernunftgeleitetes moralisches Verhalten ist deshalb nach Freud dadurch gekennzeichnet, daß es einem ermöglicht, das Ziel ohne Schaden zu erreichen, d. h. sich in bezug auf das Ziel zweckmäßig zu verhalten.

Dann gibt es noch eine andere Quelle moralischer Verbote: viel älter, ursprünglicher und völlig irrational. Das sind die Verbote, die das Kind in frühester Kindheit, im Alter von wenigen Monaten, einem Jahr, zwei, drei Jahren erhält, kategorische Befehle, die von oben auf das Kind herunterprasseln und die manchmal mit Drohungen und Schreien verbunden sind. Verbote, begleitet von Ängsten, die ins Unbewußte absinken und dann in den Träumen und Neurosen wieder zutage treten. In ihrer Gesamtheit stellen sie das *Über-Ich* dar. Gegen diese archaischen und Angst erzeugenden Verbote führt die Psychoanalyse ihren Befreiungskampf.

Wie alle Bewegungen durchbricht auch die Psychoanalyse Barrieren, zerstört Ängste, erzeugt Vertrauen und Freude. Sie wird daher von einem starken altruistischen, großzügigen, befreienden Impuls angetrieben. Über die Verdienste der Psychoanalyse kann es gar keinen Zweifel geben. Aber es trifft ebenso zu, daß sie – als Theorie – das theoretische Fundament jeder vernunftgeleiteten Moral zerstört. Auch Freud selbst, den die Massaker des 1. Weltkriegs und die wilden Haßausbrüche der Revolutionen und des Rassismus mit Entsetzen erfüllten, hat das erkannt. Und so revidierte er seine Theorie und setzte an die Stelle eines einzigen Triebes, der Libido, d. h. der Lust, zwei Triebe.[4] Der eine ist der Lebenstrieb, der *Eros*, die Liebe, der andere der Todestrieb, die Aggressivität. Durch den Eros finden die Menschen zueinander, durch ihn entsteht Solidarität. Freuds Eros ist nicht identisch mit dem griechischen Eros. Der Eros der Griechen, wie der Nietzsches, richtet sich nur auf das, was in sich Wert hat. Der Freudsche

Eros meint eine umfassendere Liebe, die alles – auch ohne besonderen Grund – einbeziehen kann. Folglich enthält er Elemente der *Agape*. Wir müssen jedoch einschränkend sagen, daß dieser Gedanke bei Freud nur andeutungsweise, ja rudimentär zum Ausdruck kommt. Aber die Tatsache, daß er den Begriff der Liebe, verstanden als Eros, einführt, beweist, daß er sich der Existenz des Problems bewußt war.

Mit der Zerstörung der vernunftgeleiteten Moral, die man auf die Sitten (Hegel), den Klassenkampf (Marx), den Neid und das Ressentiment (Nietzsche) oder auf die elterlichen Verbote in der frühkindlichen Phase (Freud) zurückführte, wurde das 20. Jahrhundert, vor allem das kontinentale Europa, eines Denkens beraubt, das fähig gewesen wäre, den entfesselten wilden Kräften die Stirn zu bieten. Jeder konnte die Motive des anderen entschlüsseln und die hinter seinen hochtrabenden Erklärungen verborgenen schmutzigen Interessen aufzeigen. Doch keiner war mehr in der Lage, konsequent nach der einzigen wirklich moralischen Kraft zu handeln: nach der vom Altruismus unterstützten Vernunft des einzelnen Individuums. In der Orgie ökonomischer und politischer Machtgelüste, der kollektiven Ideologien und irrationalen Hoffnungen hat es einen Augenblick gegeben, in dem man mit Hitler in die schlimmsten Formen der Barbarei – wie zu Zeiten Dschingis Khans und der Schädelpyramiden von Timur dem Lahmen – zurückfiel.[5]

Siebtes Kapitel

Gruppenegoismus und Altruismus

Die Freiheit

Es gibt heute Theorien, die der Natur eine viel größere Bedeutung beimessen und das egoistische und altruistische Verhalten als Ausdruck des Biologischen zu erklären suchen. Eines der eindringlichsten Werke auf diesem Gebiet stammt von Edgar Morin.[1] Die Existenz, schreibt Morin, ist Eigenschaft eines Wesens, das sich unaufhörlich selbst erzeugt und erst dann auflöst, wenn diese Aktivität zum Stillstand kommt. Jedes Lebewesen verdient sich sein Leben, indem es die von seinem Körper und von seiner äußeren Umgebung stammende Materie und Information bearbeitet. Immer im Begriff sich aufzulösen, zu vergehen, versucht es, um jeden Preis zu leben, weil es von seinem Gesichtspunkt aus das Zentrum des Universums ist.

Alle lebenden Wesenheiten sind *Subjekte*, haben die Eigenschaft der *Subjektivität*: die einzelne isolierte Zelle, die Organe, die Systeme und schließlich das gesamte Individuum. Sie alle, Zellen, Organe, Systeme, gesamte Organismen, arbeiten fortwährend an ihrer eigenen Reproduktion und sind deshalb egozentrisch. Andererseits ist die Zelle dem Organ untergeordnet, das Organ dem System, das System dem Individuum als Ganzem. Jede Stufe arbeitet, während sie für sich selbst arbeitet, für die Organisation der höheren Stufe. Jede Wesenheit ist zugleich ego-zentrisch, ego-istisch und hetero-zentrisch, altru-istisch.

Das gesamte Individuum befindet sich seinerseits in

einem analogen Verhältnis zu sozialen Einheiten, die größer sind als es selbst. Viele Tiere kümmern sich um den Nachwuchs. Sie widmen ihm ihre Energien, sie schlagen und opfern sich für ihn. Andere sind gesellschaftlich organisiert, wie die Ameisen und die Bienen. In diesen Fällen ordnet das Individuum sein Leben den Anforderungen der Gesellschaft unter; folglich handelt jeder für sich selbst (Egoismus) und zugleich für alle anderen (Altruismus).

Was den Menschen betrifft, so sind die gesellschaftlichen Verbände, denen er angehört und denen er sich widmet, noch zahlreicher und wachsen mit dem Fortschreiten der Zivilisation: die Familie der Blutsverwandten, dann die erweiterte Gruppe der Verwandten, der Clan, der Stamm, oder heute auch die engsten Freunde, das Unternehmen, in dem wir arbeiten, die politische Partei, die Kirche, die Nation, die Völkergemeinschaft, zu der wir gehören. Der Mensch, als Individuum, das »sich das Leben verdienen« muß, vollkommen auf sich selbst konzentriert, ist gleichzeitig ein altruistisches, soziales Wesen. Und was ist die Moral denn anderes als Hingabe an die anderen, als die natürliche und freiwillige Unterordnung des Individuums unter die Gesellschaft, in der es lebt? So taucht hier eine alte These wieder auf, die von J. J. Rousseau und dann von Emile Durkheim aufgestellt wurde: Die Moral ist die Hingabe, die Achtung, die Anerkennung, die das Individuum der Gesellschaft, in der es lebt, schuldet. Der Gesellschaft, die es aufgezogen, ernährt und ihm eine Sprache sowie zivilisierte Sitten gegeben hat, welche ihm das Leben ermöglichen.[2] Wenn also das Individuum sich altruistisch verhält, handelt es nur in seinem eigenen Interesse. Wie das Kind, das Mutter und Vater liebt, ohne die es nicht überleben könnte.

Wie man sieht, haben wir es hier mit einer sehr vernünftigen Auffassung zu tun, die viel gesunden Menschenverstand verrät. Und doch handelt es sich auch hierbei um eine Auffassung, die der Moral im Grunde keine Eigenständigkeit läßt. Und dies aus einem sehr einfachen Grund: Jede Kausalerklärung führt aus dem Bereich der Moral hinaus. Erklären heißt nämlich eine Ursache finden, zeigen, warum ein Verhalten nicht frei ist, sondern von etwas anderem abhängt. Wie wir gesehen haben, erklärte Hegel dies mit der Kultur, der Geschichte, Marx mit der Klassenzugehörigkeit, die Psychoanalyse mit frühkindlichen Ängsten. Andere Soziologen erklärten Verhalten, indem sie bei der Rasse ansetzten. Die gegenwärtigen Theorien über den biologischen Einfluß operieren mit der Zugehörigkeit zu organischen Einheiten höherer Ordnung.[3] Die Soziobiologie behauptet, daß, statistisch gesehen, gerade das altruistische Verhalten die Evolution begünstigt. Nun können all diese Erklärungen zumindest teilweise zutreffen und sehr nützlich sein. Doch führen sie, für sich genommen, von der Moral weg. Die Moral ist ohne Freiheit nicht möglich. Ein Akt, ein Gestus, ein Gedanke hat nur dann einen moralischen Wert, wenn er als frei begriffen wird. Nur wenn ich mich selbst sowohl dafür als auch dagegen entscheiden kann. Wenn ich etwas tue, nur weil es mir die Klasse oder das Unbewußte oder das genetische Erbe gebieten, gleiche ich einem Automaten, einer Marionette.[4]

Wir wiederholen es mit aller Deutlichkeit: Man sollte auf keinen Fall die Erklärung einer Handlung mit ihrer moralischen Bewertung verwechseln. Biologie, Psychologie, Soziologie und Geschichtswissenschaft müssen erklären, warum sich bestimmte Dinge ereignet haben. Sie müssen die Ursachen herausfinden. Die Moral muß dagegen von der Möglichkeit der Freiheit aus gehen, auf die Freiheit setzen und darf es niemals bei einer kausalen Erklärung bewenden lassen. Um dieses grundlegende Prinzip zu verstehen, stellen Sie sich einfach eine bestimmte Handlung vor. Nehmen Sie z. B. ein Glas Wasser vom Tisch und trinken Sie es. Ehe die Handlung ausgeführt ist, kann niemand vorhersehen, ob Sie es tun werden oder nicht. Es können Vermutungen angestellt werden aufgrund der Hitze, aufgrund der Tatsache, daß Sie Durst haben. Aber Sie können stets beschließen, das Glas nicht zu nehmen oder es nicht auszutrinken.

Machen Sie folgendes Experiment: Stellen Sie sich mit dem Glas in der Hand vor Freunde hin, fragen Sie sie, was Sie gleich tun werden. Jeder wird sich in Vermutungen ergehen. Und man kann Millionen von Vermutungen anstellen. Sie können trinken oder auch nicht, den ganzen Inhalt oder nur eine Kostprobe. Sie können ihn auf die Erde gießen, einem Freund ins Gesicht schütten, ihm das Glas freundlich anbieten, ihn beschwören zu trinken. Oder Sie können den Inhalt an sich herunterlaufen lassen, in eine Blumenvase oder aus dem Fenster schütten, sich die Haare damit naß machen, hineinspucken, einen Finger damit benetzen und die Anwesenden segnen, das Glas zertreten. Sie können alles machen.

Erst *nachdem* Sie irgendeine dieser Handlungen ausgeführt haben, läßt sich eine Erklärung finden. Wenn die Handlung begangen ist, läßt sich immer eine Erklärung finden.[5] Die Psychologen, die Soziologen, die Historiker untersuchen die Ereignisse, die bereits geschehen sind, sie studieren die *Fakten*. Die Moral beschäftigt sich dagegen mit dem, was noch nicht geschehen ist, was kein *Faktum* ist. Sie befaßt sich mit dem, was zu tun in Ihrer Macht steht. Sie befaßt sich mit Ihrer Freiheit.

Jenseits des Gruppenegoismus

Alle Theorien, die den Altruismus und die Moral als Folge unserer Zugehörigkeit zu einer sozialen Gruppe, als Ego-Altruismus, erklären, beruhen noch auf einem weiteren Irrtum. Was besagen diese Theorien? Daß ich moralisch handle zugunsten der Mitglieder der Gruppe, zu der ich gehöre, mit der ich identifiziert werde, der ich Achtung entgegenbringe. Meine Familie, mein Clan, mein Stamm, meine Sekte, meine Partei, meine Kirche, meine Rasse, mein Volk, meine Nation. Ich gehöre diesen kollektiven Einheiten an, etwa wie eine Zelle Teil des Organismus, wie eine Ameise Teil des Ameisenhaufens ist. Ich bin ein Individuum, aber nach meiner Selbstdefinition bin ich eigentlich Teil der kollektiven Einheit höherer Ordnung, die über mir steht und deren Mitglied oder Rädchen ich bin. Diese Einheit ist vor mir da und benutzt mich, um zu leben, wie ich meine Organe und Zellen benutze. Unter diesem Gesichtspunkt betrachtet, ist Moral also das, was dem Fortbestehen von präexistenten, bereits gegebenen gesellschaftlichen Formationen dient.

Nun, diese Theorie ist verfehlt, weil sie der Besonderheit, dem Charakteristikum der menschlichen Geschichte nicht Rechnung trägt: daß nämlich die Menschen die sozialen Einheiten, in denen sie leben, kontinuierlich geschaffen, verändert, neugeschaffen und umstrukturiert haben. Während die Struktur eines biologischen Organismus, z. B. eines Hundes, immer gleich bleibt, während sich die Struktur eines Ameisenhaufens auch im Laufe von Jahrhunderten nicht verändert, befinden sich die menschlichen Gesellschaften in einem Prozeß dauernder Veränderung. Tausende von Organisationsformen der Familie sind beschrieben worden. Es gibt hunderttausend verschiedene Mythen, und Lévi-Strauss ist bei dem Versuch, sie zu klassifizieren und zu erklären, fast verrückt geworden. Jährlich entstehen auf der Welt Millionen von Gesellschaften, Vereinen, Organisationen, Unternehmen mit immer neuen Merkmalen. Die religiösen Glaubensbekenntnisse, die politischen Ideologien ändern sich. Wie kann man da behaupten, die menschliche Moral basiere auf der Abhängigkeit von einer bereits gegebenen, bereits bestehenden sozialen Formation? Verglichen mit diesen »modernen« Konzeptionen war Kant der Wahrheit unglaublich viel näher, als er sagte, der vernunftbegabte Mensch strebe danach, Glied im Reich der Zwecke zu sein. Gewiß nicht nur der bereits vorgegebenen Zwecke, sondern der Zwecke, die sich Menschen setzen können, um ihr Glück und das der anderen in einem unaufhörlichen Prozeß des Suchens und Vergleichens zu verwirklichen.

Ein Großteil der Aktivitäten, aus denen neue soziale Einheiten hervorgehen, ist frei, freiwillig. Wir können kollektive Verbände sowohl für den Krieg als auch für den Frieden, zum Guten oder zum Schlechten aufbauen. Dies ist das Feld der Moral.

Die Beobachtung lehrt jedoch, daß nicht alle sozialen Veränderungen auf wohlerwogenen, rationalen Handlungen beruhen. Viele soziale Veränderungen vollziehen sich stürmisch und unkontrollierbar. Wir selbst haben die Beispiele von den Anfängen des Christentums, der Reformation, der Aufklärung angeführt. Ergänzend können wir hier noch die großen Revolutionen nennen, die amerikanische, die französische, die russische. Das sind Umwandlungen, die sich abrupt, unter dem Ansturm heftiger Emotionen und Leidenschaften vollziehen. Welcher Raum bleibt also für die Moral in diesen Hurrikanen der Geschichte, die die Individuen wie Strohhalme mit sich fortreißen? Das ist ein außerordentlich wichtiger Punkt, der ein klares Wort verlangt. Diese eruptiven Umwandlungen sind von uns weiter oben als »Bewegungen« bezeichnet worden. Was haben wir aus diesen gelernt? Daß in den Bewegungen, zumindest in ihrer Anfangsphase, *in statu nascendi*, die Formen von Liebe überwunden werden, deren Adressat eine bereits bestehende kollektive Einheit ist. Daß sie deshalb nicht wieder in die Form ego-altruistischer Liebe aufgenommen werden können, von der uns die Theoretiker der biologistischen Schule erzählen.

In statu nascendi tritt eine Art neuer Liebe in Erscheinung, weil noch keine begrenzte Solidarität besteht. Freund und Feind gibt es noch nicht. Die Gruppe, die sich gerade bildet, ist für alle offen, ruft alle. Alle sind potentielle Genossen, Freunde, Brüder. Die Solidarität hat sich noch nicht konzentriert, sondern dehnt sich aus, bordet über. Die Liebe tritt nach draußen, umfaßt »jeden«. In dieser Entstehungsphase hat die Liebe die Eigenschaft, alles aufzuwerten, was ihr begegnet, und gleicht deshalb der Liebe als Agape. Natürlich schottet sich die Gruppe dann ab, wird zur Sekte, Partei, Kirche, begibt sich in den Kampf mit den Feinden und erzeugt oft Gewalttätigkeit und Fanatismus. Die Aufgabe der Moral ist es dann, die ursprüngliche Intention am Leben zu erhalten und den anfänglichen großmütigen Impuls einem guten Zweck zuzuführen. Dies ist nur dann möglich, wenn sich die Vernunft einschaltet. Jeder Impuls, auch der uneigennützigste, entartet, wenn es an Vernunft fehlt. Die Moral ist immer ein Verschmelzen von Altruismus und Vernunft.

Hinter der Moral steht demnach der autonome Impuls der Mutterliebe und der väterlichen Liebe, den die Spezies zu ihrer Selbsterhaltung erfordert. Es gibt den

Altruismus gegenüber der Familie, dem Stamm, der Nation, gegenüber allen kollektiven Verbänden, in die das Individuum eingegliedert ist. Aber es gibt auch den spezifisch menschlichen Impuls, alle diese Gegebenheiten zu transzendieren, um neue zu schaffen, neue kollektive Phänomene, die nicht nur einen Wert an sich haben, sondern noch besser sind. Es gibt den ebenso menschlichen Impuls, den Egoismus der Familie, der Gruppe, des Volkes, der Sekte fortwährend zu transzendieren, um sich denjenigen zu öffnen, die draußen stehen, um sich den anderen in ihrer Eigenschaft als Individuen zu öffnen, ungeachtet ihrer Stellung in den kollektiven Verbänden.

Die vernunftgeleitete Moral erwächst aus dieser von der Vernunft vollendeten und garantierten Ausweitung des Gefühls.

Das Subjekt dieser Moral kann einzig und allein das einzelne Individuum sein, nicht die Klasse oder die Rasse, die Partei oder die Nation, niemand anders als das einzelne Individuum. Das Individuum ist das einzige »Subjekt«. Die gesellschaftlichen Gebilde haben keine eigene Subjektivität. Und ihre Zwecke, Ziele, ihr Nutzen, ihre Vorteile sind nichts anderes als diejenigen der Individuen als Subjekte. Jenseits der gesellschaftlichen Gruppierungen, an ihrer Basis wie in ihrer Zielsetzung, entdeckt die Moral immer wieder die Individuen als Subjekte. Und sie wendet sich an alle Menschen als einzelne Individuen, die einen eigenen Wert besitzen.

Auch dafür steht die wunderbare Formulierung Kants, derzufolge das vernünftige Wesen immer als Zweck gelten muß und nie als Mittel betrachtet werden darf. »Im Reich der Zwecke«, so sagt er, »hat alles entweder einen Preis oder eine Würde. Der Platz dessen, was einen Preis hat, kann von etwas anderem gleichen

Wertes eingenommen werden; im Gegensatz dazu hat das, was über jedem Preis steht und nichts Gleichwertiges zuläßt, eine Würde.«[6] Das Vorbild ist und bleibt die göttliche Liebe, für die nichts Mittel, sondern alles Zweck ist. Ethik bedeutet also im Grunde, daß die Einkalkulierung des eigenen Vorteils, die vitalistische Buchführung für sich selbst, unterdrückt und statt dessen zugunsten der anderen eingesetzt wird. Aber nicht, weil diese anderen Teil einer kollektiven Einheit, eines »Wir« sind. Es geht nicht darum, einen Einzelegoismus durch einen Gruppenegoismus zu ersetzen, sondern vielmehr das »Ich« gegen das »Du« auszutauschen, ein allumfassendes »Du« freilich, das alle, »jedermann«, meint.

Achtes Kapitel

Der Nächste und jedermann

Moral und Recht

Denkt man an Moral, so fallen einem die Zehn Gebote, die Hölle und das Paradies ein. Das ist ein Irrtum. Die Gesetzestafeln begründen ein Rechtssystem. Die göttliche Strafe und der Druck der religiösen Gemeinschaft haben ihnen Gesetzeskraft verliehen. Moral hat jedoch nichts mit Belohnung und Bestrafung zu tun. Luther lehrte uns, aus reiner Liebe zum Guten zu handeln, und Kant, daß wir uns in unserem Tun nur von der Pflicht leiten lassen sollen.

Auch die Vernunftmoral besteht nicht aus Normen. Es gibt keine vorgegebenen Normen, denen man aus irgendwelchen Gründen gehorchen müßte. Die vernunftgeleitete Moral entspringt nicht der Furcht, sie erwächst aus der Liebe. Sie entsteht aus dem Dilemma, das sich aus der Liebe ergibt. Die Geburt der Moral schließt die moralische Motivation in sich ein. Die Moral präsentiert sich ausschließlich in Form von moralischen Problemen. Wer ein solches Problem hat, ist bereits moralisch motiviert.

Nehmen wir ein Beispiel. Eine bitterarme Mutter hat drei Kinder. Wenn sie nun hart arbeitet, vernachlässigt sie ihre Kinder. Sie könnte statt dessen der Prostitution nachgehen, aber das würde dem Ruf ihrer Kinder schaden. Sie kann sie einer reichen Familie anvertrauen, die selbst keine Kinder hat. Auf diese Weise entzieht sie ihnen jedoch ihre Liebe. Dies ist ein typisches Beispiel für ein moralisches Dilemma. Die Mutter wird durch vernünftiges Abwägen eine Entscheidung treffen müssen, die das größtmögliche Wohlbefinden ihrer Kinder garantiert.

Das moralische Dilemma tritt in kollektiven Bewegungen vor allem dann zutage, wenn die Solidarität auf einer anderen Basis neu begründet wird. Der einfachste Fall ist die Verliebtheit. Eine verheiratete Frau verliebt sich in einen anderen Mann. Sie mag ihren Mann noch immer und möchte nicht, daß er leidet. Aber er stellt sie vor die Wahl. Da haben wir das Dilemma. Sie möchte, daß beide glücklich sind, macht jedoch einen der beiden unglücklich. Daraus ergibt sich die wesentliche Frage der Vernunftethik: Was kann ich konkret tun, um das Leiden derer, die ich liebe, auf ein Minimum zu reduzieren?

In der Kindheit wird den Kindern die Moral in Form von Normen aufgezwungen. »Benimm dich gut, tu dieses und jenes. Wenn du das nicht tust...« So entsteht das von Freud beschriebene *Über-Ich*. Es ist eine Moral der Angst. Im Grunde eine Form des uranfänglichen Rechts. In der Adoleszenz lehnt sich der Jugendliche gegen diese Moral der Angst auf. Die gesamte Psychoanalyse stellt eine Therapie gegen diese kindliche Moral dar. Und die moralische Erfahrung des Erwachsenen wird sich erst angesichts eines Dilemmas, eines Problems geltend machen, nämlich dann, wenn das Individuum gezwungen ist, sich zu erneuern, eine Wahl zu treffen, wenn es wiedergeboren werden muß. »Nur die Wiedergeborenen – schrieb einer von uns [1] – kennen das Geheimnis von Gut und Böse.«

Auch die ökologische Moral entspringt der Liebe zur Natur, zu den Tieren, zu unserem Planeten. Es gibt keinen Gott, der sie uns auferlegte, es gibt keine Gesetzestafeln. Die ökologische Moral geht aus der Angst hervor, mit unserer Aggressivität den Dingen, die wir lieben, Schaden zuzufügen. Und sie stellt sich als Dilemma dar, weil wir wissen, daß wir, wenn wir die Natur erhalten wollen, der wirtschaftlichen Entwicklung Grenzen setzen müssen, daß wir uns dadurch Arbeitslosigkeit einhandeln können und so fort.

Die subjektive Erfahrung der Moral unterscheidet sich grundlegend von der des Rechts, und zwar nicht nur wegen der Angst vor Strafe. Das Recht setzt gegenseitige Feindschaft voraus und sanktioniert sie. Wer ein Recht hat, macht es gegen den anderen geltend. Er hört dessen Gründe nicht an, versetzt sich nicht in dessen Lage, behandelt ihn nicht als Freund, als Bruder. Die Moral nimmt dagegen erst dann ihren Anfang, wenn wir uns auf die Seite des anderen stellen, wenn wir sein Recht gegen uns zu verteidigen suchen. Die Sphäre der Moral ist die Sphäre der Liebe. Das Gebot der Evangelien »Liebe deinen Feind« ist kein paradoxes Gebot, wie Freud meinte. Es ist der Ausgangspunkt der Moral, ihre Grundbedingung. Die Moral fängt an, wenn der andere aufhört, mein Feind zu sein. Sie wird zu einem allgemeinen Faktor, wenn es keine Feinde mehr gibt.

Moral und Recht stellen sich somit als zwei verschiedene Welten dar. Die Welt des Rechts besteht aus Normen, die von Sanktionen begleitet sind und von einer Autorität ausgearbeitet wurden. Da ist auf der einen Seite jemand, der die Normen aufstellt, und auf der anderen jemand, der sie befolgt. In der Moral gibt es diese zwei Seiten jedoch nicht. Hier ist jeder von uns selbst dafür verantwortlich, daß er sich dem anderen gegenüber gerecht verhält. Und dies gilt für seine Lieben ebenso wie für alle anderen, zu denen er in keinem persönlichen Verhältnis steht, für jedermann. In diesem Fall wird die Moral zur öffentlichen Moral.

Der Begriff »öffentliche Moral« gibt uns den Schlüssel zum Bereich des Rechts in die Hand. Der Rechtsentwicklung liegt das öffentliche Moralurteil zugrunde. Wie können wir behaupten, daß ein Gesetz ungerecht oder auch überholt ist? Dadurch, daß wir es nach den Prinzipien der Vernunftmoral beurteilen. Um das Recht zu ändern, muß man das Gesetz von außen betrachten und sich über die Moral wieder in seine Sphäre begeben. Gute Gesetzgeber, große Juristen sind diejenigen, die verstehen, den sich außerhalb der ihnen vertrauten Rechtslage vollziehenden moralischen Prozeß aufzunehmen, zu filtern, zu deuten und in juristische Normen zu übersetzen. Wer das Recht isoliert von der Moral betrachtet, so als genüge es sich selbst, entwertet nicht nur die Moral, er schwächt auch das Recht in seiner Funktion, das kollektive moralische Leben zu interpretieren.[2]

Der Nächste

Bislang ist die Moral in Gestalt von Geboten, Vorschriften, Verboten, Verhaltensregeln, Imperativen, Drohungen, Höllen und Fegefeuern, Vorwürfen, gesellschaftlichen Sanktionen dargestellt worden. Mit der Moral assoziiert man finstere Gesichter und forschende Blicke, die dich verfolgen und aburteilen – auf jeden Fall immer etwas, was die anderen uns zu tun auferlegen, eine Beschränkung unserer Freiheit, eine Einengung unseres Trieb- und Gefühlslebens und unserer Spontaneität. Diese Vorstellung ist zum Scheitern verurteilt. Niemand kann mehr eigenmächtig für die anderen Gesetzestafeln und detaillierte Sünden- und Pflichtenkataloge aufstellen. Der einzig mögliche Ursprung einer modernen Moral liegt in uns selbst. Die Moral beginnt beim einzelnen Individuum. Sie ist die

Annäherung des einzelnen Individuums an die anderen. Man muß vor jedem warnen, der seine Moral den anderen willkürlich aufzwingt. Im Grunde genommen hat die Moral ein einziges Objekt: uns selbst. Nur uns selbst kann sie etwas befehlen. In jeder Situation, bei jeder Person sollten wir uns fragen: Wie würde ich mich verhalten, wenn dieser Mensch mein Bruder oder mein Sohn oder meine Mutter wäre? Die Moral hat ein einziges Gebot, die goldene Regel: *Handle gegenüber den anderen so, wie diese selbst behandelt werden möchten. Behandle sie so, wie du behandelt werden möchtest, wenn du an ihrer Stelle wärst.*

Letztlich ist die Moral eine Wahl: Altruismus statt Egoismus, die anderen statt meiner selbst. Dies ist die äußerste Konsequenz unserer gesamten Tradition: von der Bibel zu Paulus, über Luther und den Utilitarismus bis hin zu Kant. In diesem Prozeß kristallisierte sich immer deutlicher und klarer der eigentliche Kern heraus, der nicht mehr reduzierbar ist. Alles, was nicht altruistisch ist, steht außerhalb der Moral. Es verdient nicht, Moral genannt zu werden. Wer das Wort Moral gebraucht, um ein von diesem Grundsatz abweichendes Verhalten zu bezeichnen, begeht einen Betrug. Begriffe wie Erfolgsethik, Konfliktethik, egoistische Moral sind Metaphern oder Überreste der Vergangenheit oder ganz einfach unsinnig. Es gibt keine Erfolgsethik, keine Ethik, die den Erfolg vorschreibt. Die Ethik kann nur das Wohl der anderen vorschreiben. Es gibt keine Ethik des Konflikts, die den Kampf fordert. In der Vergangenheit, in kriegerischen Gesellschaften mag es so etwas gegeben haben, aber heute fordert die Ethik nur den Frieden. Es kann keine Ethik der Grausamkeit geben, weil die Ethik die Negation der Grausamkeit ist. Es kann auch keine Ethik des Egoismus geben, denn der Egoismus ist per definitionem unmoralisch.

Diese Moral nährt sich aus der Liebe, sie kann nur existieren, wenn sich die Liebe in der Welt fortwährend erneuert. Doch wir können uns nicht verordnen, irgend jemanden zu lieben. Das Gebot »Liebe deinen Nächsten wie dich selbst« kann nur ein Hinweis, ein ideales Vorbild, eine Aufforderung sein. In uns selbst müssen wir die Liebe zu den anderen kultivieren. In uns selbst müssen wir Altruismus, Fürsorge und Hingabe pflegen. Es war ein Irrtum Kants, diejenige Handlung für verdienstvoll zu erachten, die gegen unsere eigenen Gefühle, gegen unsere eigenen Wünsche erfolgt. Wir sollten vielmehr die Hoffnung hegen, daß uns unsere Gefühle und Wünsche spontan dazu bringen, die anderen zu lieben. Wir müssen alles, was an Liebe in uns ist, ausschöpfen, denn letztlich ist die Liebe der einzige Wegweiser und die Pflicht immer nur ein *als ob* der Liebe.

Beispielhaft ist eine Liebe, die schon von sich aus danach strebt, Ausschließlichkeit und Begrenzung zu überwinden, die danach trachtet, *jeden* zu erreichen. Alle Arten von Liebe sind es wert, anerkannt und kultiviert zu werden. Aber sicherlich steht die Agape der vernunftgeleiteten und allumfassenden Forderung der Moral am nächsten: weil sie allen gilt, weil sie keine vorherige Garantie haben will, weil sie nicht gibt, um etwas anderes dafür zu erhalten. Denn sie ist eine Liebe, die selbst dann noch liebt, wenn sie keine Gegenliebe und nicht einmal Dankbarkeit erntet, eine Liebe, die alles gibt und die, auch ohne etwas dafür zu bekommen, zufrieden ist. Es wird nun deutlich, daß sich eine solche Liebe nicht verordnen läßt. Sie kann unserem Intellekt nur als Wegweiser dienen und uns zeigen, wie man leben und handeln sollte, ein Wegweiser zum Nachdenken über jenes *als ob* der Liebe, das unsere moralische Pflicht ist.

Aber ohne die Vernunft hat das alles keinen Sinn. Wir sind Vernunftwesen und würden unsere eigentliche Natur verstümmeln, uns unsinnig verhalten, wenn wir die Vernunft nicht gebrauchten. Wenn wir sagen, die Moral bestehe aus Altruismus und Vernunft, so meinen wir damit keine rechnerische Größe. Wir wollen vielmehr ausdrücken, daß der Altruismus nur durch die Vernunft seine Erfüllung findet, daß es keine Moral gibt, die nicht auch vernünftig ist. Denn der Liebesimpuls der Mutter, die ihr Kind umarmt, ist in Wirklichkeit nicht altruistisch, wenn sie es so umarmt, daß es erstickt, wenn sie es nicht entwöhnt und wachsen läßt, nur um es an sich drücken und küssen zu können. Auch der erotische Trieb der leidenschaftlichen Verliebtheit ist ja nicht altruistisch, wenn er nicht auf die konkreten, besonderen Ansprüche der geliebten Person und all der anderen uns nahestehenden Menschen eingeht. Eine Verliebtheit, in der man Eltern, Kinder, Freunde, die Arbeit vergißt und sich auf eine dauernde erotische Vereinigung ohne geistige und moralische Erneuerung beschränkt, ist eine Art Geisteskrankheit, eine Form von Autismus.

Es gibt Menschen, die selbstlos zu sein glauben, weil sie sich wie besessen um irgend jemanden sorgen, wie die Mutter, die sich auf das Kind stürzt und an nichts anderes denkt. Ihm widmet sie ihre ganze Zeit, will nicht, daß die anderen es anfassen, nicht einmal der Vater. Sie vernachlässigt ihre Arbeit, ihren Beruf, sie kümmert sich um niemanden, es sei denn, er diene ihrem Zweck. In Wirklichkeit ist dieses Verhalten eine Form von Egoismus, der durch vernünftiges Nachdenken sofort als solcher entlarvt wird. Denn wem nützt sie? Dem Kind? Das ist zu bezweifeln. Sicherlich aber nützt sie nicht den anderen, allen anderen Menschen auf der Welt, die für sie nur als bloße Instrumente fungieren.

Wie eng Altruismus und vernünftiges Denken miteinander verbunden sind, wird deutlich, wenn wir die Moral in bezug auf das, was wir *tun können*, in bezug auf unsere *Macht* betrachten. Die einzige in dieser Analyse anwendbare Definition von Macht lautet wie folgt: *Wenn die Wünsche, die Zwecke, die Bedürfnisse, die Hoffnungen irgendeines Menschen nur von einem anderen verwirklicht werden können, so behaupten wir, daß der zweite Macht über den ersten hat.* Nicht das, was wir wollen, zählt in dieser Definition von Macht, sondern das, was die anderen brauchen und was von uns abhängt. Außerdem liegt diese Macht nicht notwendigerweise offen zutage. Ich kann eine ungeheure Macht über eine andere Person besitzen, ohne es zu wissen, ja, ohne je daran gedacht zu haben. Wenn, um ein Beispiel zu nennen, jemand sich in mich verliebt hat und ich es nicht weiß, hängen seine Sehnsüchte und Träume von mir ab. Also habe ich eine enorme Macht über ihn, auch wenn ich mir dessen nicht bewußt bin.

Nun macht uns die Moral aber für diese Art von Macht verantwortlich, und sie legt auch das Wissen um diese Macht in unsere Verantwortung. An uns, als moralisch verantwortlichen Wesen, ist es, die Macht, über die wir verfügen, zu erkennen. Nur wenn wir die Macht erkennen, die wir haben, können wir für das Wohl der anderen das tun, »was in unserer Macht steht«.

In dieser Hinsicht unterscheiden sich Politik und Moral. In der Politik muß derjenige, der unter der Macht leidet, diese aufdecken und denjenigen, der sie besitzt, beim Namen nennen. Wenn eine Hungersnot herrscht und Schwarzhändler die verfügbaren Lebensmittel aufkaufen, um den Preis hochzutreiben, so ist es an den Bürgern (den Journalisten oder den Politikern), diese zu entlarven und anzuzeigen, damit deren niederträchtiges Tun unterbunden wird. Unter dem Gesichtspunkt der Moral sind es jedoch die Spekulanten selbst, die sich für die Folgen ihrer Macht verantwortlich fühlen müssen. Sie können nicht so tun, als wüßten sie das nicht, als hätten sie es nicht bedacht. Unter dem Gesichtspunkt der Moral muß jeder alle Konsequenzen seines Tuns, sofern sie gewollt und vorhersehbar sind, bedenken.

Als erstes gebietet uns die Moral deshalb, das Ausmaß unserer Macht zu erkennen, um sie im altruistischen Sinne auszuüben. Die Erkenntnis unserer Macht und die Prüfung der möglichen Folgen unserer Handlungen sind wesentliche Bestandteile der Moral. Mehr noch: jede moralische Überlegung muß von ihnen ausgehen; wie der Vater, der die verschiedenen Bedürfnisse seiner Kinder kennen sollte, um sich darum zu kümmern, wie der Lehrer, der die Eigenschaften, die Grenzen und die Schwächen seiner Schüler kennen muß, um ihren Entfaltungs- und Reifeprozeß zu fördern. Das emprirische, konkrete, genaue und ehrliche Wissen, das wissenschaftliche Studium der Psychologie, Soziologie und Ökonomie machen einen wesentlichen Teil des moralischen Handelns aus.

Dank dieser Definition von Macht können wir auch den Begriff *der Nächste* bestimmen. *Der Nächste – das sind alle diejenigen, auf die wir einen unmittelbaren und realen Einfluß ausüben:* unsere Eltern, unsere Kinder, unsere Freunde, die Personen, zu denen wir eine Beziehung unterhalten und die unsere Hilfe brauchen. In diesem Sinne läßt sich das Gleichnis des Evangeliums verstehen: Ein Mann, von Straßenräubern ausgeplündert, liegt verwundet am Wegesrand. Verschiedene Menschen gehen vorüber, aber nur ein Samariter bleibt stehen, um ihm zu helfen. Da ihn alle am Wegesrand hatten liegen sehen und bemerkt hatten, wie bedürftig er war, und da sie die Macht hatten, ihm zu helfen, war er für sie ein »Nächster«. Moralisch verhielt sich jedoch nur der Samariter, jener, der sich seiner Not und seines Leids annahm.

Unsere konkrete Macht ist im allgemeinen beschränkt und konzentriert sich auf wenige Menschen, unsere unmittelbare Umgebung und all jene, zu denen wir in einer beruflichen Beziehung stehen. Und eben deshalb ist das Gebot der Nächstenliebe so wichtig. Es bezieht sich auf den Bereich, in dem wir wirklich handeln können, in dem wir wahrhaft verantwortlich sind, in dem wir die Wirkung unseres Handelns rational überprüfen können. Ohne den Begriff »der Nächste« würde die Moral zu einem Sammelsurium von hochtönenden Erklärungen. Es ist sehr leicht, sich in abstracto um den Hunger der Schwarzen in Äthiopien oder die sozialen Ungerechtigkeiten in Indien Sorgen zu machen und sich dann schändlich egoistisch gegenüber der eigenen Ehefrau oder dem eigenen Ehemann oder gegenüber den eigenen Mitarbeitern, den eigenen Kollegen zu verhalten. Auch heute noch hinterläßt die Lektüre der *Confessions (Bekenntnisse)* des J. J. Rousseau einen unangenehmen Eindruck bei uns. Er predigte allgemeine Tugend und Moral, aber in seinem Privatleben benahm er sich erbärmlich. Der Hinweis auf den Nächsten und auf die Pflicht, die konkreten Bedürfnisse der uns nahestehenden Menschen zu erforschen und uns selbstlos um sie zu kümmern, ist der obligatorische Ausgangspunkt jeder Moral, wenn sie nicht zu einer aufgeblasenen Predigt verkommen will.

Neben denen, auf die wir eine wirkliche, unmittelbare
Macht ausüben können, gibt es noch all die anderen,
deren Zwecke, Wünsche und Bedürfnisse zwar nicht
immer direkt, aber doch mittelbar von uns abhängen.
Z. B. über die sozialen Dienstleistungen, also dank der
Tatsache, daß wir Steuern zahlen. Die Armen, die
Kranken, die Arbeitslosen, diejenigen, die von unver-
schuldeten Unglücksfällen getroffen wurden, und all
die anderen Bürger, die öffentliche Dienste in Anspruch nehmen, sind von uns abhängig durch diesen
Akt, der sich nicht auf einen konkreten Nächsten bezieht, sondern – über den Staat – auf jedermann. Wir
können uns deshalb ein Kontinuum vorstellen, an dessen einem Ende sich die Menschen befinden, die uns am
nächsten sind und an dessen anderem Ende die Menschen dieser Erde stehen, von deren Leid, ja, von deren
bloßer Existenz wir nichts wissen. Die erstgenannten
fallen unter den Begriff »unser Nächster«, die anderen
unter den Begriff »*jedermann*«. Doch für die Moral sind
beide gleich und müssen nach denselben Prinzipien behandelt werden. Gewiß ist gegenüber dem Nächsten
eine innigere Liebe, eine persönliche Anteilnahme
möglich. Aber vom Standpunkt der Vernunft aus muß
auch der Nächste so behandelt werden, daß wir die Bedürfnisse der anderen, ohne übertriebene Präferenzen
für einen einzelnen, auf gleiche Art und Weise berücksichtigen. In die Beziehung zum Nächsten muß die Uni-
versalität des Begriffes »jedermann« eingehen. Treten
wir andererseits zu irgendeiner unbekannten Person in
eine konkrete Beziehung, so wird diese Person im sel-
ben Moment zu unserem Nächsten.

Diese vernunftgeleitete Moral besagt außerdem, daß
die Moral in allen sozialen Beziehungen, in allen

Dienstleistungen, in allen Berufen zum obersten Handlungskriterium werden soll. Bei Dienstleistungen müssen wir uns so verhalten, daß wir das so gut wie möglich tun, was dem anderen dient, so daß wir seine Bedürfnisse so gut wie möglich befriedigen. Etwas so gut wie möglich tun, bedeutet: den besten Dienst, die beste Leistung. Bei beruflicher Tätigkeit fällt die Moral weitgehend mit der *Vortrefflichkeit der Leistung* zusammen. In diesem spezifischen Bereich stoßen wir wieder auf die lutherische Lehre vom moralischen Wert des Berufs und, wenn wir noch weiter zurückgehen, auf den griechischen Begriff der Moral als Vortrefflichkeit, Perfektion, als *aretè*. Diese Beobachtung gilt besonders für Länder wie Italien, wo man Moral mit dem bloßen Gefühl gleichsetzt, während der Moralbegriff in der modernen Welt vor allem auf die öffentliche Beziehung zwischen Menschen, auf den Beruf, angewendet wird. Von einem Arzt erwarten wir weniger, daß er uns umarmt und küßt, als daß er gut ausgebildet ist, unseren Fall gewissenhaft untersucht und uns heilt.

Aber es wäre ein Irrtum zu meinen, für die Moral wie für das Leben reiche die bloße Ausübung der Berufspflicht aus – und wäre diese auch noch so vortrefflich –, ohne daß da eine Spur von Gefühl, ein aufrichtiges altruistisches Bemühen mit im Spiel wäre. Dem Ideal entspräche in einem solchen Fall der Roboter: unendlich geduldig und unendlich effizient, während für den Menschen nicht nur die Handlung zählt, sondern auch sein Engagement, seine Intention und seine Aufrichtigkeit. In dem Augenblick, in dem das Verhältnis persönlich wird, will sich jeder auch als ein Nächster fühlen. Und da die realen Bedürfnisse der Menschen die Substanz der Moral ausmachen, wird dieses Bedürfnis der anderen für uns zu einer Pflicht.

Die ehrliche Absicht, die Herzensgüte, die Anteilnahme an den Freuden und Leiden der anderen, die Großmut, die Reinheit des Herzens sind nicht nur deshalb wichtig, weil die Liebe unser moralisches Handeln anregt. Sie sind wichtig, um das Ziel der moralischen Handlung selbst zu erreichen, weil wir sie in unserer Eigenschaft als Menschen, als diejenigen, die Bedürfnisse haben, für unerläßlich halten. Wir wollen nicht aus bloßem Pflichtgefühl mit Anstrengung und Widerwillen gut behandelt werden. Wir wollen um unser selbst willen geschätzt und aufrichtig geliebt werden. Und wenn darin die wesentlichen Bedürfnisse des Menschen bestehen, dann hat die Moral sie als wesentlich zu betrachten. Wir müssen ehrlich sein, weil die Menschen ein Bedürfnis nach Ehrlichkeit haben. Wir müssen unsere Liebesfähigkeit kultivieren, weil die Menschen ein Bedürfnis nach Liebe haben. Jede Moral, die auf die Absicht verzichten und sich auf die bloße Handlung reduzieren will, ist ihres Sinnes beraubt, da die Absicht die unerläßliche Voraussetzung dafür ist, daß die Moral wirksam werden kann.

Neuntes Kapitel

Die öffentliche Ethik

Moralisches Urteil und politische Praxis

Wir haben die vernunftgeleitete Moral von innen her, aus einer vertrauten, persönlichen Perspektive betrachtet, für die der Nächste von zentraler Bedeutung ist. Nun müssen wir das, was sich auf jedermann bezieht, gründlicher erörtern und von den unpersönlichen Gründen sprechen. Diese hängen nicht von unserem jeweiligen individuellen Leben ab, nicht davon, wie wir heißen, ob wir verheiratet oder ledig sind oder in einer bestimmten Stadt wohnen. Diese Gründe gelten für jeden, unabhängig von seiner konkreten Stellung in der Gesellschaft. Wenn wir den Diskurs über die Moral auf die allgemeingültigen Gründe ausdehnen, begeben wir uns auf das Gebiet der öffentlichen Ethik.[1]

Als Bürger, als x-beliebiger Bürger, haben wir die Möglichkeit, die Politik, etwas, was alle betrifft, zu beurteilen. Wie wir wissen, gibt es eine Vorstellung von Politik – nämlich die des politischen Realismus –, nach der politisches Handeln jenseits der Moral angesiedelt ist und somit nicht moralisch beurteilt werden kann. Aber das stimmt nicht. Alles kann moralisch beurteilt werden. Das Problem einer vernünftigen öffentlichen Ethik besteht lediglich darin, öffentlich anerkannte Kriterien zu finden, um eine solche Beurteilung vorzunehmen.

In den letzten 20 Jahren hat man sich vor allem in den USA mit diesem Problem beschäftigt, und wir verdanken insbesondere dem Philosophen John Rawls[2] viel, auch wenn dann europäische Autoren wie Habermas in die Debatte eingegriffen haben. Die verschiedenen Gelehrten haben unterschiedliche Aspekte der moralischen Wertung im Bereich der öffentlichen Ethik hervorgehoben. Die Utilitaristen konzentrierten ihre Aufmerksamkeit selbstverständlich auf den kollektiven Nutzen. Politik muß ihnen zufolge nach dem Wohlstand, den sie hervorbringt, beurteilt werden. Die Kantianer betonen, daß die Prinzipien einer gerechten Gesellschaft nur hervorgehen können aus dem Dialog, aus der Übereinstimmung vernunftgeleiteter Personen, die zu einer Verständigung motiviert sind und sich in derselben Ausgangsposition befinden.

Zu diesem Punkt hat Rawls einen höchst originellen Beitrag geleistet, der wirklich erwähnenswert ist. Um zu einer Gleichheit aller zu gelangen, sagt er, muß jeder Mensch so tun, als kenne er seine Ausgangssituation nicht. Er weiß nicht, ob er reich oder arm, Mann oder Frau, ob er alt oder jung, weiß oder schwarz ist. Er weiß gar nichts. Er ignoriert alles, was ihn persönlich betrifft. Daher muß er, wenn wir ihn fragen, was gerecht oder ungerecht ist, ohne Rücksicht auf seine Person argumentieren. Da er seinen eigenen Vorteil nicht suchen kann, weil er ihn gar nicht kennt, wird er moralisch urteilen müssen, d. h. wird er sich heraushalten und unparteiisch bleiben. Wenn wir nun alle so uneigennützig argumentieren und dann unsere Ergebnisse über das, was zu tun ist, vergleichen, sind wir in der Lage, uns Normen und Institutionen vorzustellen und auszudenken, die für alle die gleiche Geltung haben.

So gesehen, kann eine Gesellschaft von Gleichen nur aus einem vernunftgeleiteten Dialog zwischen Personen hervorgehen, die die gleiche, unparteiische Haltung haben und sich ernsthaft um einen Konsens bemühen. Verflechtungen von persönlichen Interessen und Hoffnungen, Privilegien zu erhalten oder zu bewahren, Ängste, Macht zu verlieren, darf es nicht geben. Die Absichten müssen ehrlich sein, frei von Egoismen, Erpressungen, Drohungen, Betrügereien und Täuschungen.

Die öffentliche Ethik ernst nehmen bedeutet: diese Dinge ernst nehmen, sie wirklich wollen und nicht nur davon reden. Das bedeutet ferner, daß der Primat der Politik und des Erfolgs aufs entschiedenste zurückgewiesen wird. Unter dem Gesichtspunkt der öffentlichen Ethik stellt die Politik nur ein Mittel dar. Die Institutionen wie auch die Regierungen sind Dienstleistungen. Sie müssen als ein System von Sozialtechnologien und Verfahren angesehen werden, deren einziges Ziel darin besteht, die Interessen und Rechte jedes Bürgers in Übereinstimmung zu bringen, sie zu wahren und zu schützen.

Ein weiterer überaus wichtiger Aspekt sind die *Bürgerrechte*. In der Vergangenheit hatte sich der Vater des neuzeitlichen Verfassungsstaates, John Locke, mit diesem Problem beschäftigt.[3] Die Bürger – sagte Locke – besitzen individuelle und unverletzliche Rechte, vor denen jede Macht, auch die legitime Macht, Halt machen muß. Die Philosophen, die erneut über die Bürgerrechte nachdenken, sagen uns, daß jedes Individuum einen »moralischen Raum«[4] um sich habe, innerhalb dessen es frei wählen könne. Aufgabe der Politik sei es nun, diese Grenzen gegen die Übergriffe von seiten anderer Individuen, vor allem aber von seiten des Staates, zu verteidigen. Der Rechtsbegriff wurde vor allem als Mittel der Verteidigung gegen den totalitären Staat entwickelt, doch heute hat er auch als Verteidigung gegen die Bürokratie Bedeutung erlangt. Gerade aus der Entwicklung des Sozialstaats, der den Bürgern beisteht, sind neue Gefahren erwachsen. Um die Bedürfnisse seiner Bürger zu befriedigen, hat der Staat die Bürokratie ungeheuer ausgeweitet. Und die Bürokratie katalogisiert, klassifiziert, registriert sie, beherrscht das Leben der Bürger, greift in ihre persönliche Biographie ein. Das Individuum wird davon erdrückt. Und wir wissen: Wenn man das Individuum unterdrückt, so unterdrückt man auch die Moral.

Somit haben wir *drei Kriterien* kennengelernt: *den allgemeinen Nutzen, den Konsens auf der Basis der Vernunft und die Bürgerrechte. Diese drei Kriterien sind Schlüsselbegriffe, grundlegend für die Schaffung einer Vernunftmoral, die sich auf die Beurteilung von Politik richtet.* Es handelt sich um Kriterien, die in verschiedenen Schulen, von verschiedenen Autoren entwickelt wurden. Sie müssen jedoch in ihrer Gesamtheit akzeptiert werden, weil sie drei Steinchen in demselben Mosaik bilden. Keines von ihnen kann allein die großen Probleme der öffentlichen Moral lösen.

Diese drei Prinzipien stehen zudem untereinander in einer dialektischen Spannung. Sie widersprechen, aber ergänzen sich auch wechselseitig. Nehmen wir ein Beispiel. Die Frauen sind in unserer Gesellschaft noch immer benachteiligt. Das ist noch ein Erbe aus der Vergangenheit. Aus diesem Grund ist es bei bestimmten, öffentlich ausgeschriebenen Wettbewerben richtig, Quoten festzusetzen für Arbeitsplätze, die Frauen vorbehalten bleiben. Diese Maßnahme, die der Gleichheit von Mann und Frau dient, verstößt jedoch gegen den Grundsatz der Rechtsgleichheit, weil sie zum Ausschluß eines Mannes führen kann, der besser qualifiziert ist als die Frau, die zugelassen wird. Trotzdem befinden wir uns in einer Situation, in der das Prinzip der Gleichberechtigung zwischen Mann und Frau als wichtiger erachtet werden muß. Wenn wir nicht anfangen, die Frauen zu bestimmten Berufen zuzulassen, wird dieser Rückstand immer größer. Wenn keine Gleichheit der Startbedingungen geschaffen wird, werden die Frauen auch in Zukunft hinterherhinken. Eine Chancengleichheit wird es dann niemals geben.

In einem anderen Fall wird hingegen das Kriterium des Wohlstands höher bewertet werden müssen. Einige Volkswirtschaften schütten ihre Erträge nur mittelfristig aus, wenn das Nationaleinkommen steigt und neue Ressourcen verteilt werden können. Kurzfristig erlegen sie den Bürgern jedoch Opfer auf, die auf denen schwerer lasten, die weniger haben, auf den Armen. Kurzfristig leidet deshalb die Gleichheit darunter, weil gerade die weniger Privilegierten mehr bezahlen. Läßt man das Kriterium des Wohlstands gelten, so muß man allerdings auf das Endergebnis blicken, wenn mit dem Anstieg des globalen Reichtums Gleichheit auf einem höheren Niveau möglich sein wird.

Der allgemeine Nutzen, der Konsens auf der Basis der Vernunft und die Bürgerrechte sind drei Kriterien, die man bedenken und vernünftig gegeneinander abwägen muß. Gerade das kennzeichnet die moderne Vernunft. Das Gute besteht nicht darin, daß man der einen oder anderen Sekte anhängt, sondern ergibt sich aus der vernünftig geführten Diskussion, aus dem Abwägen der Kriterien, daraus, daß man sich den unauflöslichen Widersprüchen des öffentlichen Lebens auf rationale Weise stellt.

Jedes dieser drei Kriterien hat seinen spezifischen historischen Ursprung. Sie sind Antworten auf Probleme und Konflikte, vor die sich Individuen und Gesellschaften des Abendlandes in der Vergangenheit gestellt sahen. Sie sind Ergebnisse eines langen Prozesses und gehören zu der Tradition, die wir als *Tradition der Moderne* bezeichnen.[5]

Die Idee des allgemeinen Nutzens bildete sich angesichts sozialer Ungleichheiten in der Geburtsstunde der Industriegesellschaft. Die Idee der Übereinstimmung und des Dialogs entstand im Zusammenhang mit der Entwicklung der Demokratie. Die Bürgerrechte etablierten sich dagegen als Verteidigung gegen die Tyrannei und den Totalitarismus. Aber heute stehen wir vor dem dritten Jahrtausend. Wir werden Probleme neuer Art bewältigen müssen. Werden die in der Vergangenheit entstandenen Prinzipien dafür noch tauglich sein? Besteht nicht die Gefahr, daß sie veraltet sind?

Das glauben wir keineswegs. Prüfen wir das Problem mit aller Sorgfalt. Was ist in den letzten Jahrzehnten geschehen? Wissenschaft und Technologie haben uns ständig größere Macht über die Welt und uns selbst gegeben. Wir sehen uns bereits heute mit Fragen und Alternativen konfrontiert, die nicht nur unser Leben, sondern auch das der zukünftigen Generationen betreffen. Wir stehen in der Gegenwart bereits in einer Entscheidungssituation, die für die Zukunft relevant ist.

Denken wir an die Zukunft, so haben wir es mit einigen großen Problembereichen zu tun, die uns zwingen, die Grenzen des Universums, auf das sich unser Moraldiskurs bezieht, zu erweitern. Jeder Schritt der Zivilisation hat das auch in der Vergangenheit erfordert.

Seit jeher bedeutet die Annahme moralischer

Grundsätze, daß man seinen persönlichen Gesichts-
kreis überschreitet, sein in den Kategorien von Gruppe,
Stamm, Rasse, Volk oder Nation befangenes Denken
transzendiert. Seit jeher bedeutet moralisches Denken,
daß man sowohl gegenüber sich selbst als auch gegenüber jeder Form von menschlichem und nicht-mensch-
lichem Leben einen allgemeinen Standpunkt einnimmt.
Im Hinblick auf die Zukunft müssen wir diese Grundsätze wieder aufgreifen und vorwärtsgehen.

Wir stehen nun vor einer großen Herausforderung.
Die moralischen Wertvorstellungen, die wir pflegen
und pflegen müssen, sind aus der europäischen Tradition hervorgegangen. Unsere vernunftgeleitete Moral
ist das Ergebnis der Vereinfachung und Formalisierung
eines altruistischen Plans. Aber die Welt des 20. Jahrhunderts ist, verglichen mit der der Vergangenheit, zu-
sammengeschrumpft. Zwischen den verschiedenen
Traditionen ist eine Interdependenz entstanden, die in
Kontakten und Konflikten zum Ausdruck kommt. Wir
beziehen uns nicht mehr nur auf das Schicksal und die
Lebensweise der am höchsten entwickelten westlichen
Länder, sondern auf das aller Menschen und aller Kulturen.

Alle Kulturen und Weltanschauungen besitzen
ebenso wie alle künstlerischen Hervorbringungen einen
Wert. Wir sind aufgerufen, sie zu schützen im Namen
der Menschenrechte und des »moralischen Raums«,
der jede Person und jede kollektive Einheit umgeben
muß. Ausgehend von der Wahrung der Vielfalt haben
wir uns aber auch dem Problem zu stellen, das uns eine
Ethik der Übereinstimmung aufgibt. Eine Ethik der
Übereinstimmung sucht nach dem kleinsten gemeinsamen Nenner von Prinzipien oder Regeln, die festlegen,
wie wir als Bewohner desselben Planeten, unseres gemeinsamen Hauses, miteinander umgehen sollen. Erst

in diesem Moment findet die universalistische Tendenz der Moral ihr globales Anwendungsgebiet, ist sie keine abstrakte Forderung mehr, sondern ein konkretes Bedürfnis aller.

Dieses Ergebnis kann niemand im Alleingang erreichen, sondern es wird die Frucht eines von der Vernunft geleiteten Dialogs sein. Wir müssen durchaus nicht über alles Einvernehmen erzielen. Wir dürfen uns nicht von der Wahnvorstellung einer Gleichförmigkeit der Werte in die Enge treiben lassen. Es handelt sich darum, einen *Minimalkonsens* über das zu finden, was alle ohne Unterschied angeht.

Ein entscheidend wichtiger Problembereich, in dem sich diese Forderung geltend macht, ist das ökologische Gleichgewicht.[6] Unsere moralische Verantwortung erwächst aus unserer Macht über das Ökosystem. Jeder Fortschritt der Wissenschaft, jeder Fortschritt der Technologie erweitert diese Macht. Wir glauben für gewöhnlich, daß es den Fortschritt auf wissenschaftlichem Gebiet gibt, jedoch nicht im Bereich der Moral. Das ist keineswegs so. Es gibt auch den moralischen Fortschritt. Dieser wird sogar vom wissenschaftlich-technischen Fortschritt selbst gefordert. Die Moral kann sich allerdings gegenüber der Wissenschaft im Rückstand befinden. Das ist das Problem der Gegenwart.

Der aufregendste Aspekt der zunehmenden moralischen Verantwortung und des moralischen Fortschritts ergibt sich aus der Fähigkeit des Menschen zur Selbstbestimmung. Als wir über Kant sprachen, haben wir das gesehen. Nach Auffassung Kants wählt sich das vernunftbegabte Wesen selbst. Die menschliche Würde besteht geradezu in dem Faktum, daß der Mensch wählen kann, wer er sein will. Aber natürlich konnte sich Kant nicht vorstellen, daß der Mensch eines Tages in der Lage sein würde, künstliche Intelligenzen und Roboter zu schaffen, Prothesen einzusetzen, Organverpflanzungen vorzunehmen, das genetische Erbgut zu manipulieren und neue Arten zu erzeugen. Blicken wir auf die nächsten Jahrhunderte, auf das nächste Jahrtausend, so wissen wir genau, daß die Menschen Entscheidungen fällen werden, die ihre Spezies, die menschliche Spezies, ihre Natur, die menschliche Natur, betreffen.

Viele erfüllt diese Macht mit Angst, ja sogar mit Entsetzen. Sie haben den Eindruck, es sei nun ein Punkt erreicht, wo die Moral uns nichts mehr zu sagen hat, wo es keine Kriterien mehr gibt, um bestimmen zu können, was gut und was böse ist. Wenn selbst die genetische Grundlage des Menschen verändert wird, wie kann man da noch von Moral sprechen?

Aber das stimmt so nicht. Versuchen wir ein gedankliches Experiment. Versetzen wir uns zweitausend Jahre zurück, in die Epoche von Horaz und Vergil. Stellen wir uns vor, irgend jemand hätte den Menschen jenes Zeitalters erzählt, wie das Leben heute ist. Was hätten sie von uns gedacht, wenn sie von einer Welt gehört hätten, in der man fliegt, über große Entfernungen hinweg miteinander spricht, Nieren und Herzen verpflanzt und in der die Nationen über thermonukleare Waffenarsenale verfügen? Sie hätten den Eindruck bekommen, daß sie sich weder unser Leben noch unsere Probleme, noch unsere Gefühle vorstellen können. Sie hätten uns für höhere, gottähnliche Wesen gehalten, mit einer anderen Moral, anderen Grundsätzen. In diesem Fall hätten sie sich freilich geirrt. In unsere Zeit versetzt, würden sie uns jedoch sehr gut verstehen, genau wie wir ihre Bücher und ihre Poesie verstehen. Denn wir sind zu dem geworden, was wir sind, indem wir Entscheidungen getroffen haben. Denn der Mensch ist ein Wesen, das seine Existenz selbst bestimmt.

Die Moral vollzieht sich im Akt des Wählens. Keine

Zukunft ist vorherbestimmt. Alle Entscheidungen der Zukunft treten wieder in den Bereich der Moral ein. Wir können nicht darauf verzichten, uns zu äußern, weil uns die Entscheidungen beunruhigen, weil sie uns zu schwierig erscheinen.

Wir haben keinen Grund zu meinen, daß die drei großen Kriterien, von denen wir gesprochen haben, an Wert verlieren, daß sie uns nicht in die Zukunft führen können. Auch in Zukunft werden *der allgemeine Nutzen, der Konsens auf der Basis der Vernunft und die Bürgerrechte* unsere sichersten Wegweiser sein. Nehmen wir an, ein Gentechnologe stellt uns vor folgende Alternative: Was ist die beste Zukunft für die Spezies? Daß auf der Erde 20 Milliarden Einwohner mit der heutigen durchschnittlichen Lebenserwartung leben oder aber nur eine Milliarde, dafür aber mit einer zwanzigmal höheren Lebenserwartung, also von über 1000 Jahren? Das ist eine aufwühlende Frage, weil für uns die menschliche Natur an eine Lebensdauer wie die unsere gebunden ist. Ein Wesen, das 1000 Jahre lebt, scheint uns kein Mensch mehr zu sein. Ja, es scheint uns nichts Menschliches mehr an sich zu haben. Wie sollen wir also wählen? Welches moralische Kriterium kann uns helfen?

Versuchen wir uns nun zu fragen: Wenn wir unser Leben selbst hätten planen können, welches Leben hätten wir uns wohl ausgesucht? Ein langes oder ein kurzes Leben? Sicherlich ein langes Leben, auch wenn wir nicht genau wissen können, ob es glücklicher gewesen wäre. Warum würden wir uns so entscheiden? Zum einen, weil ein langes Leben mehr Möglichkeiten mit sich bringt, folglich auch mehr Glücksmöglichkeiten. Und dann gibt es noch einen anderen Grund: Die menschliche Natur strebt danach, über sich hinauszugehen, sich zu verbessern. Der Mensch hat sich mit seinen

Grenzen nicht abgefunden, immer hat er sich vorgestellt, diese Grenzen zu überwinden, und oft ist ihm das auch gelungen. Wenn er darauf verzichtete, wäre er kein Wesen, das sich selbst bestimmt. Also wird alles, was diese Möglichkeiten und letztlich seine Freiheit vermehrt, vorgezogen und alles, was sie auf gleichem Niveau erhält oder vermindert, verworfen.

Um das moralische Problem zu lösen, haben wir uns in diesem Fall von einem Motiv der Kantischen Moral leiten lassen. Aber auch das Kriterium des *Nutzens* und das der *Bürgerrechte* können uns in diesen Wahlentscheidungen, die die Natur und das Leben betreffen, hilfreich sein. Gehen wir von einem Beispiel unserer Tage aus, das auch in Zukunft nichts an Gültigkeit verlieren wird. Die Medizin ermöglicht uns, das Leben durch Organverpflanzungen zu verlängern. In Begriffen des kollektiven Nutzens gedacht, müssen wir so handeln, daß man möglichst viele Organe verwenden kann. Jemand könnte sogar behaupten, daß es aufgrund des kollektiven Nutzens moralische Pflicht sei, auch den Menschen Organe zu entnehmen, deren Gehirnfunktionen abgestorben sind, d. h. Menschen, die noch nicht tot sind, sich aber in einem irreversiblem Koma mit nachweisbarer Gehirnschädigung befinden. Die Anwendung des reinen Nützlichkeitskriteriums würde besagen, daß man in diesem Fall mit der Abschaltung der Maschine jemand anderem Gutes tun kann, ohne dem Sterbenden Schaden zuzufügen. Diese Entscheidung führt jedoch zu einem Konflikt zwischen dem Kriterium der Nützlichkeit und dem der Rechte des Individuums. Die Anwendung des Nützlichkeitskriteriums könnte den moralischen Raum des Individuums verletzen, zu dem niemand Zugang hat. Es kann Menschen geben, die nach einer Meditation die Entscheidung getroffen und anderen mitgeteilt haben, daß sie im Falle eines Gehirntodes lieber ein vegetatives Leben führen möchten. Also würde das Kriterium der Menschenrechte die Anwendung des Kriteriums der Nützlichkeit einschränken.

Nur indem wir das Instrumentarium, das uns die Tradition an die Hand gibt, erweitern, entwickeln und verfeinern, können wir den ethischen Konflikten und den Entscheidungen, die uns erwarten, erfolgreich begegnen. Wir sind uns durchaus bewußt, daß die Herausforderungen, die sich uns mit der Technologie, mit dem Aufeinanderprallen verschiedener Kulturen, mit dem Zusammenbruch des ökologischen Gleichgewichts, mit der Thematik vom Beginn und Ende des Lebens, mit der Veränderung des menschlichen Körpers stellen, äußerst schwierig sind. Es handelt sich jedoch dabei um freie Entscheidungen zwischen dem, was besser, und dem, was schlechter ist, zwischen dem, was gerechter, und dem, was weniger gerecht ist. Wir können uns total veränderte Weltszenarien vorstellen, Welten von Prothesen und Robotern, Welten, in denen Stromkreise die Funktionen ausüben, die wir mit der Physiognomie unseres Körpers, unseren momentanen begrenzten menschlichen Möglichkeiten zu assoziieren pflegen. Aber es wird genügen, daß in einer dieser Welten der kleinste Raum für die Entscheidung bleibt, daß man sich von neuem der Aufgabe einer vernunftgeleiteten Moral als Wegweiser des Verhaltens stellen wird.

Zehntes Kapitel

Schluß

Im Bereich der Moral geht es um die Frage: Wie sollen wir leben? Eine Frage, die wir uns alle schon gestellt haben und immer wieder stellen. Um darauf eine Antwort zu finden, können wir uns jedoch nicht an Fachleute, an die Gelehrten, wenden. Mit dem Niedergang der großen religiösen Traditionen hat auch die Funktion der Priester, all derer, die einst die Wahrer dieses Wissens waren, an Bedeutung verloren. Es ist ein Bereich, in dem wir uns alle recht einsam fühlen und in dem jeder von uns lernen muß, allein zu handeln.

Tatsächlich aber ist jeder einzelne in der Lage, dieser Notwendigkeit zu begegnen. Jeder von uns besitzt sowohl den emotionalen Impuls des Altruismus als auch die geistigen Möglichkeiten, sich mit Fragen der Moral auseinanderzusetzen. Die Moral ist, wie wir gesehen haben, ein Nachdenken über uns selbst und die anderen aus einer besonderen Perspektive. Um zu dieser Perspektive zu gelangen, bedarf es zweier Bewegungen. Die erste besteht darin, daß wir eine Distanz zu uns selbst herstellen, und die zweite, daß wir uns in das Denken der anderen hineinversetzen. Indem wir unseren subjektiven Standpunkt verlassen, können wir unser Leben aus der Perspektive eines Zuschauers betrachten und somit objektiv sein. Die zweite Bewegung, die uns in die Lage des anderen versetzt, ermöglicht uns, die Dinge von seiner Warte aus zu betrachten – und folglich auch uns selbst so zu sehen, wie er uns sieht.

Das Geheimnis moralischer Argumentation liegt also in der Fähigkeit, das Subjektivste, was es auf der Welt gibt, objektiv zu betrachten: uns selbst mit all unseren Wünschen, Ängsten, Hoffnungen, Heucheleien und Launen.

Es handelt sich dabei um eine angeborene Fähigkeit, die bei allen Menschen mehr oder weniger gleich entwickelt ist. Mathematische und musikalische Begabungen sind ungleich verteilt. Einige besitzen sie im höchsten Maße, andere fast überhaupt nicht. Über die Fähigkeiten, auf denen die Moral beruht, verfügen jedoch alle. Die Menschen, alle Menschen, können die anderen unmittelbar und intuitiv verstehen. Wir nehmen die Gefühle der anderen wahr, wie wir die Farben sehen. Keiner kann sagen: Ich bin dazu nicht in der Lage, ich bin dem nicht gewachsen.

Das moralische Räsonnement ist sich im übrigen stets gleich geblieben. Im Laufe der Jahrtausende hat es die Morallehren der großen Religionen und Philosophien belebt. Der goldenen Regel – Versetze dich in die Lage der anderen! – begegnen wir in der mosaischen Lehre, später in den Evangelien und im Koran. In Jahrtausenden hat sich eine große Tradition herausgebildet, die aus der geistigen Auseinandersetzung mit unzähligen Menschenschicksalen hervorgegangen ist, aus dem Nachdenken über Leid, das Dilemma, die Probleme von Generation zu Generation. Es ist ein reiches Erbe, entstanden aus dem gelebten Leben und der Reflexion darüber.

Diese Tradition steht zu unserer Verfügung. Sie lebt in den Büchern, aber sie lebt ebenfalls, auch wenn wir es nicht wissen, zumindest teilweise in uns selbst. Denn in der Kindheit wurde sie uns beigebracht, haben wir sie uns mit der Sprache angeeignet. In Verbindung mit unserer angeborenen Fähigkeit bewirkt dieses Erbe, daß wir alle eine Art von »innerer moralischer Theorie«, stillschweigend und verborgen, in uns tragen. Dank ihrer wissen wir sofort und instinktiv, was moralisch und was unmoralisch ist. Im Bruchteil einer Sekunde begreifen wir, ob das, was wir gerade tun, wirklich altruistisch oder aber verkappter Egoismus ist. Denn Nietzsche hatte recht: Sehr oft ist unsere Verachtung nur versteckter Neid. Marx hatte recht: Sehr oft ist unser Altruismus nur Ausdruck unseres Eigennutzes. Aber just in dem Moment, in dem wir handeln, wissen wir es.

Die doppelte, ja vielfältige Natur unserer Absichten ist uns sehr wohl bewußt. Aber dann tilgen wir den unangenehmen Teil und vergessen ihn. Wir legen uns eine Version von uns und den anderen zurecht, die uns angenehm ist, und verteidigen sie. Das moralische Räsonnement hält uns von diesem Schwindel ab, es nimmt sich der intuitiven Wahrheit an. Aber das ist eine Übung, die andere vor uns, in der Vergangenheit, durchexerziert und in ihren Werken niedergelegt haben.

Wie soll man diese Bücher, diese Werke benutzen? Bestimmt nicht wie Mathematik-, Physik- oder Chemiebücher. Gegenüber Naturwissenschaften sind wir passiv: Wir müssen verstehen, lernen, und damit ist es genug. Aber wenn es um das menschliche Seelenleben geht, wissen wir im Grunde schon alles. Wir brauchen nur nachzudenken und innezuhalten, um zu sammeln und zu ordnen, was wir im Bruchteil einer Sekunde empfunden haben. Das Buch bietet also die Gelegenheit zu einer Begegnung, der Begegnung zweier Erfahrungen, der Begegnung zweier Argumentationen: der unseren und der des Autors, der mehr Zeit zum Nachdenken gehabt hat, der die flüchtige ursprüngliche Intuition festgehalten und darüber reflektiert hat, der sich, anstatt seiner subjektiven Ansicht zu frönen, in die objektive, neutrale Position eines Zuschauers versetzt hat, diejenige mithin, die wir selbst hätten einnehmen können. Das Buch enthüllt uns nichts, was wir nicht schon wissen. Es bringt uns dazu, das für wahr zu halten, was wir bereits wußten, und uns zu sagen: »Das habe ich auch schon gedacht, aber ich konnte es nicht so klar ausdrücken.«

Die Bücher, die von der Moral handeln, haben mit den großen Werken des Theaters, der Filmkunst und der Romanliteratur viel gemein. Diese Werke setzen mögliche Lebensläufe in Szene. Indem sich der Leser mit den in ihnen auftretenden Figuren identifiziert, lebt er sie selbst nach. Auf diese Weise sieht er die Welt aus der Perspektive der anderen. Er tritt aus seiner Person, seiner Begrenztheit, heraus. Er sieht sich veranlaßt, zu urteilen, Präferenzen zu setzen, zu wählen. Die Moral stellt die Frage, wie wir leben sollen, welchen der möglichen Lebensentwürfe wir wählen sollen. Der Roman, der Film, das Theater machen uns solche Entscheidungen erfahrbar.

Durch die Verbreitung von Kino und Fernsehen hat sich dieses Universum des imaginären Lebens enorm erweitert. Damit wird uns die Bewegung, die dem moralischen Räsonnement zugrunde liegt, erleichtert. Die Fähigkeit jedoch, sich von der zufälligen eigenen Situation zu distanzieren, hat sich nicht proportional dazu entwickelt. Es ist eine Sache, die Dinge in der Vorstellung zu erleben, und eine andere, sie im eigenen Leben zu verwirklichen. Aber vor allem wird die Fähigkeit des vernünftigen Nachdenkens, des Abwägens nicht genügend genutzt.

Das macht die Lehre der Moral zu einem aktuellen Problem. Es geht im wesentlichen darum, die Fähigkeiten, über die wir bereits verfügen, zur Blüte, Entfaltung und Reife zu bringen. Wir sind zu Großmut und Selbstlosigkeit fähig. Das ist eine intuitive, unmittelbare, allen angeborene Fähigkeit. Dann gibt es da noch eine andere angeborene unmittelbare und ebenso spontane Kraft: die Angst, die Sorge um uns selbst, die ebenso legitim, ebenso natürlich ist. Beide Impulse gehören zum Leben. Aber die Moral entsteht aus der erstgenannten, und nur aus dieser. Eine Erziehung zur Moral lehrt die Menschen, anderen zuzuhören. Sie greift den altruistischen Impuls auf, bringt ihn zum Blühen, bewahrt ihm seine ursprüngliche Aufrichtigkeit und begründet ihn rational.

Die Moral steht der Selbsterhaltung nicht entgegen, sie negiert diese nicht. Die vernunftgeleitete Moral zwingt uns nicht, uns selbst zu vergessen und alle unsere Bedürfnisse, Wünsche und Ziele zu opfern. Sie bändigt sie nur und ordnet sie unter. Sie verlangt von uns, daß wir lernen, unsere Ziele zu verfolgen und dabei die der anderen zu berücksichtigen, indem wir den anderen, ihren Gründen und Bedürfnissen Gehör schenken. Sie suggeriert uns letztlich ein Tugendideal: Großmut und Interesse für den anderen und uns selbst, Besonnenheit und Harmonie bei unserem Lebensentwurf.

Anmerkungen

Einleitung

1 Vgl. Jacques Goldberg, *La colpa*, trad. ital. Milano, Feltri-nelli 1988.

2 Claudio Magris, *Com'é difficile ridere di Faust*. In: »Corriere della sera«, 9. 10. 1980.

3 Vgl. Max Horkheimer, *Zur Kritik der instrumentellen Vernunft*, Frankfurt a. M. 1967.

4 Sigmund Freud, *Jenseits des Lustprinzips*, in: Gesammelte Werke, Bd. 13, Frankfurt a. M. 1967.

5 Francesco Alberoni, *Movimento e istituzione*, Bologna (Il Mulino) 1981.

6 Abraham Maslow, *Religions, Values and Peak Experience*, New York (Kappa Delta Pi) 1964.

Erstes Kapitel

1 Max Weber, *Die protestantische Ethik und der Geist des Kapitalismus*, in ders., *Gesammelte Aufsätze zur Religionssoziologie*, Bd. 1, Tübingen (Mohr) 1920.

2 Dr. Martin Luthers Werke *(Weimarer Ausgabe)*, Bd. 57, Weimar (Böhlau) 1939, S. 169, 135, 176. Zitat aus E. Vogelsangs Übersetzung der *Hebräerbrief-Vorlesung*, Berlin und Leipzig (de Gruyter), S. 81, 42, 88.

3 Anders Nygren, *Eros und Agape. Gestaltwandlungen der christlichen Liebe*, Gütersloh (Bertelsmann) 1954.

4 Francesco Alberoni, *L'amicizia*, Milano (Garzanti) 1984, setzt sich mit diesem klassischen Verständnis von Freundschaft auseinander.

5   Brief an die Römer 5,6–10 in: *Das Neue Testament*. Sechs
    Bibelübersetzungen in einer Übersicht, Pfäffikon (Hexapla
    Verlag Mitternachtsruf) 1989, S. 532.
6   Nygren, a. a. O., S. 106.
7   Vgl. Martin Luther, *Von der Freiheit eines Christenmenschen*,
    in: *Weimarer Ausgabe*, Bd. 7.

Zweites Kapitel

1   Pietro Camporesi, *La casa dell'eternità*, Milano (Garzanti)
    1987, S. 77.
2   A. a. O., S. 59.
3   Die Literatur über Luthers Ängste ist unabsehbar. Erinnert
    sei hier nur an die berühmte psychoanalytische Deutung von
    Erik H. Erikson, *Der junge Mann Luther*, München
    (Szczesny) 1958 (Frankfurt a. M., Suhrkamp [= stw 117]
    1975).
4   Zitiert nach Max Weber, a. a. O., S. 90.
5   Vgl. Emile G. Léonard, *Histoire générale du protestantisme*,
    Paris 1961–64.
6   Das sind diejenigen, die behaupteten, daß es eine Prädestina-
    tion sowohl der Erwählten als auch der Verdammten gebe.
7   Der holländische Theologe Jakobus Armenzoon, genannt
    Arminius, vertrat im Gegensatz zu Franz Gomar die These,
    daß die Prädestination nur für die Erlösung gelte.
8   Vgl. die ausführliche Darstellung dieser Thematik in Fran-
    cesco Alberoni, *Movimento e istituzione*, Bologna (Il Mulino)
    1981.
9   Raffaello Morghen, *Gregorio VII*, Palermo (Palumbo) 1974,
    S. 34.
10 Vgl. Ugo Gastaldi, *Storia dell'Anabattismo*, Torino (Clau-
    diana) 1972.
11 John Skyes, *I Quaccheri*, trad. ital., Firenze (Sansoni) 1966.
12 Sergio Carile, *Il metodismo*, Torino (Claudiana) 1984.
13 Henry Sidgwick, *The Methods of Ethics*, Indianapolis
    (Hackett) 1981 (Repr. von 1874–78).
14 Reinhard Koselleck, *Kritik und Krise. Eine Studie zur Patho-
    genese der bürgerlichen Welt*, Freiburg/München 1959.

15 Franco Venturi, *Le origini dell'enciclopedia*, Torino (Einaudi) 1946, S. 20.
16 Ebd.

Drittes Kapitel

1 Das berühmteste Werk Cesare Beccarias ist *Über Verbrechen und Strafen* (1766), Frankfurt a. M. (Insel) 1966.
2 Elie Halévy, *La formation du radicalisme philosophique*, Paris (Alcan) 1901–04.
3 Jeremy Bentham, *An Introduction to the Principles of Morals and Legislation*, London (Methuen) 1982. (*Prinzipien der Gesetzgebung*, Repr. 1966)
4 Zu einer kritischen Auseinandersetzung mit den verschiedenen Formen des Utilitarismus vgl. Amartya Sen/Bernard Williams, *Utilitarism beyond*, Cambridge (Cambridge University Press) 1982.
5 Vgl. a. a. O. den Aufsatz von R. N. Hare.
6 Adam Smith, *Der Wohlstand der Nationen. Eine Untersuchung seiner Natur und seiner Ursachen*, München (Beck) 1974.
7 Adam Smith, *Theorie des ethischen Gefühls*, Hamburg (Meiner) 1985.

Viertes Kapitel

1 Vgl. Immanuel Kant, *Grundlegung zur Metaphysik der Sitten*, Frankfurt a. M. (Suhrkamp [= stw 56]) 1974.
2 A. a. O., S. 67.
3 A. a. O., S. 61.
4 Vgl. hierzu den Aufsatz von T. M. Scanlon in: Sen/Williams, *Utilitarism beyond*.
5 Vgl. Immanuel Kant, a. a. O., S. 66.

Fünftes Kapitel

1 Bernard Williams, *Moralischer Zufall*, Königstein/Ts. 1984.
2 Martin Luther, *Predigten über die Evangelien*.
3 Martin Luther, *Vorwort zum Brief an die Römer*, in: *Weimarer Ausgabe*, Die deutsche Bibel, Bd. 7, Weimar 1931, S. 19f.
4 Fred Hirsch, *Die sozialen Grenzen des Wachstums*, Reinbek bei Hamburg (Rowohlt) 1980.

Sechstes Kapitel

1 Vgl. Salvatore Veca, *Le mosse della ragione*, Milano (Il Saggiatore) 1980.
2 Karl Marx/Friedrich Engels, *Die deutsche Ideologie*, in: Marx-Engels-Werke, Bd. 3, Berlin (Dietz) 1973.
3 Friedrich Nietzsche, *Zur Genealogie der Moral*, in: Kritische Gesamtausgabe, hrsg. v. Giorgio Colli/Mazzino Montinari, (de Gruyter) 1968, Abt. 6, Bd. 2.
4 Sigmund Freud, *Jenseits des Lustprinzips*, in: Gesammelte Werke, Bd. 13, Frankfurt a. M. (Fischer) 1972.
5 Timur-Leng (= Timur »der Lahme«), genannt Tamerlan, war ein mongolischer Eroberer von großer Grausamkeit. Die Schädelpyramiden wurden nach der Einnahme von Städten aus den Köpfen ihrer Einwohner errichtet.

Siebtes Kapitel

1 Morins Werk, *La méthode*, besteht aus zahlreichen Bänden, von denen vor allem der zweite für das vorliegende Problem von Bedeutung ist: *La vie de la vie*, Paris 1980.
2 Emile Durkheim, *Soziologie und Philosophie*, Frankfurt a. M. (Suhrkamp [= stw 176]) 1976.
3 Edward O. Wilson, *Sociobiology. The new Synthesis*, Cambridge (Harvard University Press) 1976.
4 Vgl. Robert Nozick, *Philosophical Explanations*, Oxford (Clarendon Press) (Repr.) 1984.

5 Vladimir Jankelevitch, *Traité des vertus*, Paris 1947.
6 Immanuel Kant, a.a.O., S. 68.

Achtes Kapitel

1 Francesco Alberoni, *Le ragioni del bene e del male*, Milano (Garzanti) 1981, S. 69.
2 Zu diesem Thema vgl. Ronald Dworkin, *Bürgerrechte ernstgenommen*, Frankfurt a. M. (Suhrkamp) 1984.

Neuntes Kapitel

1 Vgl. Thomas Nagel, *Über das Leben, die Seele und den Tod*, Königstein/Ts. 1984.
2 Vgl. John Rawls, *Eine Theorie der Gerechtigkeit*, Frankfurt a. M. (Suhrkamp [= stw 271]) 1979.
3 John Locke, *Zwei Abhandlungen über die Regierung*, Frankfurt a. M. (Suhrkamp [= stw 213]) 1977.
4 Robert Nozick, *Anarchie, Staat, Utopie*, München 1976.
5 Vgl. Francesco Alberoni, a.a.O. und Salvatore Veca, *Questioni di giustizia*, Parma (Pratiche editrice) 1985.
6 John Passmore, *Man's Responsability for Nature. Ecological Problems and Western Traditions*, London (Duckworth) 1974.

Francesco Alberoni

Erotik
Weibliche Erotik, männliche Erotik – was ist das?
Aus dem Italienischen von Pieke Biermann.
238 Seiten. Kt.

Seit Jahren, so scheint es, sind sich Männer und Frauen immer
ähnlicher geworden: in der Unisex-Mode, auf der Straße und im
Verhalten, aber auch nach Auskunft gelehrter Untersuchungen.
Gegen diesen herrschenden Trend stellt der Mailänder Soziologe
Francesco Alberoni die Frage nach dem Unterschied zwischen
Frau und Mann, nach besonderen Grundmustern weiblicher und
männlicher Sexualität und Sinnlichkeit.

»Liest man Alberonis Buch, dann erkennen sich Frauen und
Männer in vielen Punkten wieder. Gleichzeitig widerspricht es so
vielen als gesichert geltenden Erkenntnissen der Sozialforschung
der letzten Jahre, daß man die Aufregung über dieses Buch
verstehen kann. Alberonis Buch ist eines, über das es sich trefflich
streiten läßt. Frauen werden sich über die männliche (?) Eitelkeit
des Autors aufregen können, Männer über seine offensichtliche
Bewunderung für die weibliche Spielart der Erotik. Angenehm
fällt an diesem Buch auf, daß es eine Analyse vornimmt ohne
gleich Schuldzuschreibungen auszusprechen. «
Südwestfunk

PIPER